La révolution du Savoir dans l'entreprise

Note de l'éditeur

Indépendamment du genre grammatical, les appellations qui s'appliquent à des personnes visent autant les femmes que les hommes. L'emploi du masculin a donc pour seul but de faciliter la lecture de ce livre.

Préface

La révolution du Savoir dans l'entreprise propose une réflexion franche et directe sur les enjeux majeurs du processus d'évolution que nous vivons présentement. Si tous les employés de Bombardier peuvent regarder avec fierté les réalisations accomplies à ce jour, le contexte actuel de mondialisation et d'accélération des technologies nous interdit toute complaisance dans un marché où, pour réussir, il faut pouvoir se mesurer aux meilleurs.

Dans ce contexte, le livre de Fernand Landry suscite la réflexion. Les idées qu'on y retrouve émanent des nombreuses années d'expérience de l'auteur, qui a toujours su allier l'action à la parole.

Joseph-Armand Bombardier nous a quittés trop tôt pour connaître la virtualisation, la fabrication assistée par ordinateur, Internet et les autres phénomènes annonciateurs du prochain millénaire. Pour nous tous qui cherchons à perpétuer la tradition d'excellence de notre fondateur, *La révolution du Savoir dans l'entreprise* propose des pistes d'action intéressantes pour relever avec succès les défis et répondre aux exigences de la nouvelle économie.

Bombardier est devenue une compagnie multinationale diversifiée parce que nous continuons à construire nos motoneiges, nos voitures-passagers sur rail et nos avions avec la même passion que J.-A. Bombardier a bâti son entreprise. Mais nous ne sommes pas seuls : Bombardier est particulièrement fière de s'être dotée au fil des ans d'un vaste réseau de fournisseurs de qualité, des PME qui partagent avec nous le souci de croître et de s'ajuster aux exigences du marché mondial.

En cette époque où tout est remis en question, nos employés et nos fournisseurs demeurent nos alliés les plus précieux. Tel est, je crois, le premier enseignement à retenir dans un monde où le savoir constitue une ressource déterminante.

Aubert Roy
Directeur général
Bombardier
Division du transport en commun
Usine de La Pocatière

 Fondation de
l'Entrepreneurship

La Fondation de l'Entrepreneurship travaille au développement économique et social en préconisant la multiplication d'entreprises capables de créer de l'emploi et de favoriser la richesse collective.

Elle cherche à dépister les personnes douées pour entreprendre et encourage les entrepreneurs à progresser en facilitant leur formation par la production d'ouvrages, la tenue de colloques ou de concours.

Son action s'étend à toutes les sphères de la société de façon à promouvoir un environnement favorable à la création et à l'expansion des entreprises.

La Fondation peut s'acquitter de sa mission grâce à l'expertise et au soutien financier de quelques organismes. Elle rend un hommage particulier à ses trois partenaires :

et remercie ses gouverneurs :

TABLE DES MATIÈRES

Avant-propos

J'écoute et j'oublie, je lis et je me souviens, je fais et je comprends.

PROVERBE CHINOIS

Cet ouvrage est l'aboutissement de toutes les taloches que j'ai encaissées pour acquérir la bosse des affaires.

Mes propos ne sont donc pas le résultat d'une recherche bibliographique. Ils émanent plutôt de 20 ans d'expérience dans plusieurs entreprises, principalement technologiques, à titre de président fondateur, président, vice-président, directeur général et administrateur. J'ai également acquis, quelquefois malgré moi, beaucoup d'expérience en participant à la création de nouveaux produits vendus aujourd'hui dans plus de 100 pays.

Au lieu de bâtir des théories complexes à partir de mon vécu, je préfère simplifier et présenter mes expériences dans un vocabulaire clair et direct. Si je devais citer une multitude d'auteurs pour appuyer chacune de mes affirmations, cela signifierait que je n'ai rien de nouveau à dire. Et si ce livre ne répond pas toujours aux critères d'usage, c'est très bien ainsi. L'innovation s'accommode mal des normes établies.

Ce livre est découpé en quatre grandes sections (*Histoire récente, Quoi de neuf ?, Adaptation et Incidences*) afin de permettre à chacun de sauter à ce qu'il considère comme essentiel. Les chapitres sont courts à dessein afin d'intéresser les gens d'affaires qui prennent peu le temps de lire.

Je remercie tout spécialement Sandra Morneau, collaboratrice de haute valeur ajoutée, qui a mis de l'ordre dans un tas d'idées et a rendu, nous l'espérons, ce texte plus agréable et plus compréhensible.

Fernand Landry

Introduction

Mollusques caractéristiques de l'ère secondaire, les ammonites formaient une famille diversifiée et florissante au fond des océans. Occupées à s'alimenter et à peupler les fonds marins, elles comptaient bien passer encore quelques millions d'années à se la couler douce. Hélas, à la fin de la période du crétacé, leur univers douillet se trouva mystérieusement chambardé par un formidable flux d'oxygène et de lumière solaire qui en fit des mésadaptées au sein de leur nouvel environnement.

Victime des grands bouleversements de la nature, l'ammonite soulève encore bien des interrogations dans les milieux scientifiques par sa disparition aussi rapide que brutale. Les phénomènes en cause s'annonçaient toutefois précurseurs du développement retentissant des mammifères, lesquels étaient jusque-là demeurés des créatures de petite taille, inoffensives et sans intérêt. Les mammifères ont, depuis, largement pris leur place, la nature continuant de nos jours à les favoriser et à leur offrir des conditions propices à leur évolution.

Et les entreprises dans tout ça ? Quelque 65 millions d'années plus tard, un sort identique à celui des ammonites les guette : une glissade, qui risque d'être inévitable, vers la fossilisation.

LE SYNDROME DE L'AMMONITE

Notre siècle a été le théâtre de nombreux bouleversements, tant sur les plans politique et économique que technologique. À l'image de la fin de l'ère secondaire en pleine évolution, la société qui entrera dans le XXIe siècle sera régie par de nouvelles règles. Parmi les transformations les plus évidentes, nous constatons chaque jour en ouvrant le journal ou en naviguant dans Internet que nous sommes plongés dans la mondialisation générale de l'économie et que nous connaissons une révolution des communications sans précédent dans l'histoire de l'humanité.

La mondialisation des marchés

Utilisée à toutes les sauces, cette expression nous indique toutefois une réalité bien précise. Le Fonds monétaire international (FMI) définit la mondialisation comme suit : « L'interdépendance économique croissante de l'ensemble des pays du monde, provoquée par l'augmentation du volume et de la variété des transactions transfrontières de biens et de services, ainsi que des flux internationaux de capitaux, en même temps que par la diffusion accélérée et généralisée de la technologie. » (Ouf !) Dans les faits, entre 1970 et 1993, la valeur mondiale des exportations est passée de 314 milliards de dollars US à 3,645 milliards de dollars US, affichant un taux moyen de croissance de 11,2 % par année. Aucune économie nationale n'a progressé à ce rythme sur une aussi longue période[1].

Pour l'entreprise, la voie la plus sûre vers l'échec consiste à demeurer engoncée dans une fausse sécurité, telle l'ammonite dans son océan, ou à se fier à des méthodes éprouvées jadis mais désormais dépassées. D'aucuns croient peut-être qu'ordinateurs et robots assureront l'élan vital de la production, et que les bonnes vieilles méthodes de gestion alliées aux trouvailles modernes leur garantiront des vents favorables. Rien n'est plus faux.

Des termes aux résonances à la mode comme « village planétaire » ou « virage technologique » obscurcissent une mutation en profondeur de tous les paliers de l'activité économique, y compris celui de la gestion d'entreprise. La puissance ne se mesurera plus désormais par la taille mais par le Savoir. **Le syndrome de l'ammonite consiste à se laisser dépasser par les circonstances jusqu'à ce que la réalité nous rattrape et que tout redressement devienne impossible, laissant une nouvelle espèce s'imposer en maître.**

SORTIR DU VASE CLOS

Bon nombre d'entreprises sont particulièrement vulnérables en raison de leur structure pyramidale et fortement hiérarchisée. Leur effritement se traduit par des mises à pied, des fermetures d'usines et autres calamités sociales. Les difficultés qui les étreignent les obligent à remettre en question leur mode de fonctionnement nombriliste, ainsi qu'une vision du marché qui confond immobilisme et stabilité.

La mondialisation de l'économie ouvre la voie à de nouveaux concurrents sur les cinq continents, des prédateurs féroces qui font leurs délices des mastodontes plus soucieux de protéger les intérêts acquis que d'aller combattre l'ennemi sur son propre terrain. Énonçant sa théorie de la lutte pour la vie, Darwin se fondait non pas sur la loi du plus fort ou du plus gros, mais bien sur **la loi du plus efficace**[2].

Nombre de multinationales en sont déjà arrivées à cette même conclusion et s'activent à repenser leur structure organisationnelle en se renouvelant de l'intérieur et en allégeant leurs opérations. Ces grandes firmes ont été confrontées à leur évident manque de souplesse face à des entreprises de taille plus modeste, plus innovatrices et plus aptes à satisfaire le client, le nouveau décideur du marché.

Dans la même veine, les banques et les fonds de placement qui ne sauront pas diversifier leurs investissements dans les entreprises technologiques verront tomber leurs gains actuels. Tous investiront un jour massivement dans le Savoir, que ce soit par compréhension du phénomène ou par obligation. Il ne leur manque plus que des méthodes comptables pour calculer l'intangible, comme la somme des connaissances d'une entreprise ou la valeur de sa capacité à innover.

Le phénomène du progrès technologique a son fondement non pas dans la force du capital financier mais dans le capital humain. Les idées n'ont pas de limites et il sera toujours possible de trouver des façons de faire plus intelligentes.

D'ailleurs, mener une entreprise est essentiellement un acte d'intelligence et non une épreuve de force. C'est pourquoi les femmes ont aujourd'hui autant de chances que les hommes. La réussite de plusieurs d'entre elles laisse présager un monde où l'intellect primera sur les préjugés d'une autre époque. Les statistiques nous informent que les femmes occupent déjà tout près de 50 % des emplois à forte capacité intellectuelle. Il ne manque que l'augmentation des inscriptions d'étudiantes en génie pour faire grimper ce pourcentage.

Le nouvel état du monde nous amène à considérer le modèle et la culture de la PME comme la voie de l'avenir. L'entrepreneur, par son dynamisme, sa créativité et son esprit innovateur, détient la clé d'une société ouverte sur le monde, productive et compétitive, source de notre bien-être collectif.

PREMIÈRE PARTIE

HISTOIRE RÉCENTE

1
Le creux de la vague

L e XXe siècle aura connu à la fois l'apogée de l'ère industrielle et son déclin. L'époque actuelle se caractérise par l'explosion des connaissances scientifiques et technologiques. Le développement de ces dernières fut tellement rapide que le mot *évolution* n'était pas assez fort pour décrire la situation : on a parlé de *révolution technologique* et de *révolution de l'information*.

L'économie usinière de Deuxième Vague, qui avait remplacé l'ère agraire, cède le pas à son tour à une économie de Troisième Vague fondée sur le Savoir. Nuala Beck décrit celle-ci par le biais des industries motrices de cette «nouvelle économie», soit les ordinateurs (incluant logiciels, semi-conducteurs et électronique), les soins de santé et les biotechnologies, l'instrumentation (environnement, optique, contrôle de processus, etc.) ainsi que les communications et les télécommunications (divertissement compris). Les travailleurs du Savoir, ou travailleurs intellectuels, évoluent dans ces secteurs de haute technologie.

Les caractéristiques des révolutions	
La révolution industrielle (2e Vague)	**La révolution technologique et de l'information (3e Vague)**
Machines et bras	Technologie et intelligence
Changements lents	Changements rapides
Importance de la matière première	Importance du Savoir
Marché local et continental	Mondialisation des marchés
Le gestionnaire organise le travail et gère la conformité	Le gestionnaire gère le changement et la non-conformité
Importance de la structure organisationnelle	Importance de la personne
Le gros dévore le petit	Le rapide dévore le lent
Les gouvernements et les grosses entreprises détiennent le monopole de l'information	L'information est accessible à tous
Les patrons pensent et les ouvriers travaillent	La pensée et l'action sont le fait des mêmes personnes

Depuis 1975, la vigueur de notre PIB repose chaque jour un peu plus sur les industries de l'économie numérique (*digital economy*). Selon le ministère des Finances, le tiers des emplois au Canada est attribuable à la vitalité de ces industries. La «nouvelle économie», on le voit, n'a plus de nouvelle que le nom !

Les pays producteurs de matières premières et de ressources pétrolifères ont perdu leur part du lion de l'avoir monétaire international au profit des pays qui maîtrisent et utilisent le Savoir, principalement technologique. Pour n'en donner qu'un exemple, l'Argentine était considérée comme le *deuxième* pays le plus riche du monde au début des années 1950. En 1990, sa cote avait basculé dans les trois chiffres (elle remonte petit à petit actuellement). Les vainqueurs ne s'affirment plus par leurs conquêtes militaires, mais bien par les guerres économiques que se livrent les pays détenteurs du Savoir.

1.1 À PAS DE GÉANT

Jusqu'à la fin des années 1970, nous avons traversé une période de croissance sans précédent. Le consommateur était tellement assoiffé de biens de consommation que nous pouvions lui refiler à peu près n'importe quoi. Les gouvernements et la majorité des entreprises ont cru possible d'extrapoler ces courbes ascendantes pratiquement à l'infini. Tous les pays industrialisés ou qui tentaient de le devenir s'organisaient pour profiter de cette richesse apparemment inépuisable.

La production de masse était bien adaptée pour satisfaire l'accélération de la demande et permettait de profiter d'une économie d'échelle. Henry Ford produisait 250 000 voitures par an à l'aube de la Première Guerre mondiale, et le prix de ces voitures a chuté de 950 $ en 1909 à 360 $ en 1917[4].

Au XXe siècle, la population mondiale s'est multipliée par quatre, passant de 1,5 à 6 milliards d'êtres humains.

Les frais administratifs, même grandissants, étaient dilués grâce aux gros volumes. Les empires industriels établissaient des normes et les clients dociles s'y conformaient. La grosse entreprise devenait plus grosse en dévorant ses petits concurrents.

Pour leur part, les écoles de gestion préparaient à la chaîne des gestionnaires de la croissance et de la conformité, des gestionnaires d'une économie de Deuxième Vague. La vertigineuse croissance économique de la seconde moitié de ce siècle a permis aux planificateurs de carrière de réussir en se limitant à décortiquer les méthodes apparemment infaillibles des gourous de l'entreprise à succès.

1.2 RESSAC

Un État peut retourner au sous-développement.

L'État-Nation, entité politique souveraine et omniprésente dans l'activité économique, est à l'agonie dans le monde entier. Partout on privatise, déréglemente et débureaucratise. Cet État-Nation s'efface devant l'émergence des États-Régions qui, avec leur grande autonomie, peuvent mieux se positionner devant la libération des forces créatrices.

Les gouvernements ont créé une machine administrative en pensant que l'ère d'abondance ne connaîtrait jamais de limites. Ils disposaient de beaucoup d'argent issu des rentrées fiscales et d'emprunts inconsidérés, dépensant tous azimuts pour se maintenir au pouvoir.

Or, beaucoup de grands centres jadis puissants acceptent difficilement que, un jour, ce soit la queue qui branle le chien. Le pouvoir change de camp au gré des forces économiques. Ceux qui agissaient en sont réduits à réagir aux événements.

· L'économie étant devenue un phénomène à action rapide, les interventions du gouvernement se révèlent un coup d'État raté d'avance, dont la facture est un déficit monstrueux qui menace la paix sociale. On dénombrait ainsi au Québec, en 1995, 1 453 000 personnes vivant sous le seuil de la pauvreté, soit 20,2 % de la population[5]. Et à l'échelle mondiale, l'OCDE évalue que l'avoir des 365 personnes les plus riches de la planète surpasse l'avoir de deux milliards des gens les plus pauvres, soit 40 % de la population mondiale.

En pleine perte de vitesse, la Deuxième Vague sème la tempête à sa sortie de scène. La transition s'effectue difficilement et laisse dans son sillage une proportion élevée de laissés-pour-compte.

1.3 UNE MORT ANNONCÉE

Dans une économie rapide, il faut tout faire vite, surtout les choses qu'on rate !

Les entreprises paient elles aussi à présent le prix de leurs excès passés. Que d'entreprises ont coulé parce que, dans les temps faciles, elles ont fait de l'argent comme de l'eau ! Leurs efforts pour maîtriser le marché les ont conduites à alourdir leur organisation avec, pour conséquences, des hiérarchies à plusieurs chefs, des services centralisés, des prises de décisions longues et laborieuses, des procédures complexes... le tout au détriment du service à la clientèle. La complexité, utile dans la période de croissance et de production de masse, les a dépouillées de la souplesse nécessaire pour s'adapter aux changements de l'environnement par des réactions rapides et efficaces.

La plupart des organisations sont faites pour survivre et non pour évoluer. Le problème de notre économie est que nous nous apprêtons à entrer dans le XXIe siècle avec des entreprises qui ont été conçues au XIXe siècle pour fonctionner au XXe.

En 1980, la US Steel employait 120 000 personnes. En 1996, 20 000 travailleurs assurent un volume identique de production. Le gouvernement américain prévoit d'autre part que les trois grands de l'industrie automobile (Ford, Chrysler et General Motors) conserveront seulement un tiers de leur main-d'œuvre actuelle d'ici la fin de la décennie, tandis que les constructeurs japonais arrivent eux aussi au terme de leur développement. Signe de la Troisième Vague, les Américains sont actuellement plus nombreux à fabriquer des ordinateurs que des automobiles.

Au Canada en particulier, on peut citer, parmi maints exemples, l'industrie sidérurgique, elle aussi confrontée aux symptômes de la maturité du monde industrialisé : capacité excédentaire, faiblesse des prix et arrivée de technologies nouvelles. À la suite de nombreuses mises à pied, restructuration oblige, le nombre d'emplois dans ce secteur a chuté d'environ 25 % depuis 1988.

Pour expliquer nos difficultés, politiciens et économistes avancent souvent l'excuse d'une récession qui n'attend pas l'autre. Rappelez-vous ce slogan à la mode dans les années 1970 : « Quand la construction va, tout va. » Qui en dirait autant à présent ? Qui peut croire que les investissements massifs dans les infrastructures annoncés par les gouvernements canadien et américain ramèneront une prospérité durable ?

La réalité est que nous sommes plongés dans une mutation fondamentale des règles économiques mondiales et que nous avons peine à nous ajuster. C'est comme la peste : « Ils ne mouraient pas tous, mais tous étaient frappés[6]. »

2
Le déclin de l'empire étatique

Les explorateurs découvrent un pays, les missionnaires l'éduquent,
les commerçants l'exploitent et les politiciens le ruinent.

Paul MORAND

Les sociétés de plusieurs pays industrialisés manquaient d'organisation ; elles ont confié ce travail à des armées de nouveaux fonctionnaires. Ces derniers ont si bien fait leur travail que nous vivons maintenant dans des sociétés surorganisées et sclérosées, prises de court face aux conditions de la Troisième Vague.

Devant la mondialisation de l'économie, plus l'État a de l'importance, moins il peut jouer son rôle de régulateur ou de stimulateur. Il doit maintenant se tourner vers l'entreprise privée pour régler les problèmes résultant de son ingérence indue.

Dépassés par leur lourdeur administrative, les pouvoirs publics tentaculaires ont battu tous les records d'augmentation de la dette publique, hypothéquant gravement notre avenir et nous rapprochant du Tiers-Monde. La technocratie bureaucratique aliénante, stérilisante et arrogante ne pouvait apporter que des solutions

Pour être véritablement efficace, l'allégement des structures doit s'effectuer tant sur le plan interne (en entreprise) que sur le plan externe (appareil gouvernemental). Premier symptôme d'asphyxie : des frais administratifs dépassant 15 % du budget.

globales engendrant beaucoup plus de problèmes que de solutions. La pléthore d'études et de livres multicolores devant apporter des solutions était plutôt utilisée pour en retarder l'application.

Surprotégés, surpuissants, les hauts technocrates ont atteint leur niveau d'incompétence ; leurs réglementations tatillonnes et leur sécheresse administrative ont engendré une bureaucratie tellement obnubilée par son propre fonctionnement qu'elle travaillait en cercle fermé sans produire autre chose que des circulaires administratives complètement déconnectées de la réalité économique, dans leur fond comme dans leur forme. Compressions budgétaires, privatisation, déréglementation et réduction de l'importance de l'État sonnent la fin de la récréation dans les bunkers bétonnés des technocrates.

2.1 DÉSHABILLER PIERRE POUR HABILLER PAUL

L'enfer est pavé de bonnes intentions. Devant la colère qui gronde dans la population, le gouvernement est fréquemment obligé d'investir dans des secteurs normalement occupés par le privé, avec l'objectif de préserver des emplois. Dans certains cas très médiatisés, dont ceux de Kenworth et du moteur-roue d'Hydro-Québec, on se félicite tout haut de la reprise des activités en pensant tout bas que le secteur privé aurait sauté seul sur l'affaire si elle avait été véritablement intéressante.

L'État sera de moins en moins présent dans le processus économique. Rien de plus normal. Nous exigeons du gouvernement qu'il se comporte en social-démocrate, qu'il agisse dans la transparence, qu'il s'occupe des démunis... tout le contraire d'une activité économique. Nous ne pouvons pas adhérer à la lutte au déficit tout en prêtant l'oreille, par exemple, aux populations qui souhaitent la réouverture des mines de charbon à grands coups de subventions. Une telle intervention du gouvernement, dans ce dernier cas, entrerait en contradiction directe avec les principes d'une saine décision d'affaires, avec nos politiques énergétiques, avec l'écologie, etc.

En raison des impératifs de la survie économique, un retour en arrière est malheureusement impossible pour tous ces gens courageux, qui ont des bras à offrir et qui veulent travailler. La société dans son ensemble devra trouver des moyens d'intégrer les sous-scolarisés à une vie pleine et active.

> **30 milliards de dollars**
> *Tel est le coût du chômage au Québec, établi lors du Forum sur l'économie et sur l'emploi. Le ministère des Finances du Québec estimait à 3,5 milliards de dollars le manque à gagner de un pour cent du taux de chômage en 1995[7].*

2.2 DE LA PLACE POUR TOUS

Il n'existe en fait qu'une seule solution contre l'apartheid technologique qui exclut une partie de la population : la formation pour les sans-emploi… et pour les travailleurs peu ou mal qualifiés. Nous nous formerons aux technologies nouvelles ou nous devrons céder la place à la génération suivante. Une anecdote à ce sujet incite à la réflexion : lors des émeutes de Los Angeles en 1992, les pillards ont volé tous les systèmes stéréophoniques dans une rue, et même des canapés, tout en laissant intacte une vitrine du magasin Apple remplie d'ordinateurs portables.

Les projections du ministère canadien du Développement des ressources humaines indiquent qu'en l'an 2000, environ 45 % des nouveaux emplois exigeront 16 ans et plus de scolarité, soit l'équivalent d'au moins un diplôme universitaire de premier cycle. Et encore, pas n'importe quel diplôme : le nombre de géographes ou d'avocats dont nous avons besoin est limité par rapport à la demande pour des techniciens spécialisés, des informaticiens, des ingénieurs et des chercheurs scientifiques de haut niveau[8].

Partout dans le monde, la croissance de l'emploi est le fait d'une demande grandissante pour de la main-d'œuvre très qualifiée. Le Canada n'y fait pas exception. Selon les statistiques les plus récentes du ministère des Finances du Canada, les pertes nettes d'emplois au pays s'élevaient à 190 000 entre 1990 et 1993. Cependant, les plus scolarisés ont connu un gain net d'emplois de 450 000 dans la même période. Les grands perdants sont les personnes n'ayant qu'une formation de niveau secondaire ou moins, car ce groupe a subi une perte nette de 640 000 emplois.

Enlisés sous la dette publique et le déficit, nous devons désormais utiliser judicieusement les ressources à notre disposition en les investissant dans les secteurs de la nouvelle économie. Dans l'ère de la Troisième Vague, l'éducation, si elle est ciblée sur les besoins du marché, sera garante de l'harmonie de notre société et d'une véritable égalité des chances.

2.3 LE VICE DU JEU

Deux choses sont infinies : l'Univers et la bêtise humaine. Mais, en ce qui concerne l'Univers, je n'ai pas encore acquis la certitude absolue.

Albert EINSTEIN

Lorsque l'État investit les deniers publics dans l'entreprise privée, il ne crée pas de richesse collective : il utilise plutôt la richesse collective pour enrichir un très petit nombre au détriment de toute une population. C'est encore pire lorsqu'il investit dans des équipes de sport professionnel, parfois directement, parfois par le truchement d'exemptions d'impôt et autres avantages. Lorsque l'on subventionne les multimillionnaires du sport, inutile d'attendre le retour de l'ascenseur. Cela ressemble à une véritable fuite de capitaux, l'argent des contribuables québécois allant droit dans les poches des joueurs et des propriétaires, peu enclins à dépenser chez nous.

J'adore le sport et, à ce titre, je ne peux que m'insurger depuis longtemps devant l'intervention malsaine de l'État dans ce domaine. Dans une entrevue accordée au journal *Les Affaires*, Mark Rosentraub, spécialiste du financement public, affirmait qu'il s'agit ni plus ni moins d'un système de bien-être social pour les riches[9].

De telles politiques ont un effet négatif dans leur ensemble et perturbent les règles d'une réelle économie de marché. L'État agit souvent sous le prétexte de stimuler l'activité économique mais, en définitive, la seule activité économique qui a cours se réduit au transfert de l'argent public dans les mains de quelques-uns, ce qui signifie un appauvrissement collectif.

La performance économique d'un pays est inversement proportionnelle à la voracité de l'État, dont le tour de taille se mesure par la part qu'il absorbe du produit intérieur brut (PIB). Dans l'économie actuelle marquée au sceau de l'agilité et de la flexibilité, les pays dont les dépenses publiques excéderont 25 % du PIB investiront à coup sûr dans le sous-développement. Au Québec, ce pourcentage devrait atteindre 22,9 % de notre PIB pour l'année 1997, une amélioration appréciable par rapport au taux de 25,0 % atteint en 1993[10].

2.4 CHANGER DE RÉGIME

Durant l'ère de croissance, les bons dirigeants s'employaient à élaborer des règles, des procédures, des politiques, des contrôles et des balises précises qui visaient à rendre leur organisation apte à profiter d'un fait acquis : la croissance automatique pour les entreprises bien gérées. La saturation des marchés a brusquement provoqué la crise. Les organisations conçues pour récolter la manne de la croissance automatique se voyaient confrontées au paradoxe de gérer la décroissance ou alors de transformer radicalement leur approche du management.

Si l'époque industrielle a été caractérisée par une cohabitation des machines et des bras, la révolution technologique et l'ère de l'information consacrent le triomphe de l'intelligence.

L'heure de gloire des managers traditionnels a pris fin subitement, puisque il ne suffit plus de bien gérer. En fait, créer de la stabilité équivaut à renforcer l'inertie du système. L'armée de gestionnaires, autrefois jugée nécessaire au sein de notre fonction publique, constitue à présent une cause sérieuse d'embonpoint.

Les entreprises ont elles-mêmes effectué cette transformation ou sont disparues dans la tourmente des faillites. Devant l'alternative de se transformer ou de mourir, il s'avérait impératif d'opter pour la première solution.

Les organisations publiques et parapubliques, malgré quelques tentatives louables, sont pour leur part restées vrillées dans la fonction de gérer. Tel est l'inconvénient des organisations qui ne peuvent disparaître. Elles se fossilisent dans des méthodes vétustes de management, méthodes issues de l'ère du grand gaspillage. Sans se délecter dans le catastrophisme, il faut dire qu'il ne pouvait pas en être autrement : au cours de la période des largesses de l'État, ces organisations ont évacué de leurs rangs les leaders[11], jugés peu aptes à administrer les fonds publics.

Les administrateurs et le personnel de ces organisations mettent beaucoup de temps à protéger des acquis et à répartir équitablement la pauvreté sans penser qu'ils pourraient d'abord contribuer à créer la richesse. Sur un Titanic en train de couler, ils tentent de se négocier une cabine plus spacieuse.

3
La revanche du consommateur

Henry Ford disait : « Je peux vous construire une voiture de n'importe quelle couleur pourvu qu'elle soit noire. » Cette hérésie pour notre civilisation de l'information illustre bien la pensée de l'ère industrielle : le consommateur, ce mal nécessaire, était considéré comme une espèce anonyme et statique.

L'époque industrielle avait consommé le divorce entre le fabricant et le consommateur. Le premier pouvait se considérer comme une personne très importante, faisant preuve de magnanimité en habillant, nourrissant et divertissant le consommateur autrement bien malheureux sans lui.

Des goûts et des couleurs...
Entre 1908 et 1926, Henry Ford vendit 15 000 000 de ses célèbres modèles « T », ne lançant le modèle « A » qu'en 1927 sur le conseil de son fils Edsel.

La révolution de l'information a remis les pendules à l'heure au point que les consommateurs détiennent de plus en plus de pouvoir. Si, jadis, le fabricant faisait la loi, la compétitivité accrue qui a cours aujourd'hui incite les consommateurs à l'infidélité. Le retour du balancier permet donc au consommateur de détenir le gros bout du bâton par rapport au producteur de biens et de services.

3.1 RENVERSEMENT DES RÔLES

Jadis, les gens avaient besoin de produits pour survivre. Aujourd'hui,
ce sont les produits qui ont besoin de gens pour exister.

Nicholas JOHNSON

À l'heure de la globalisation des marchés, on assiste à l'anti-universalisme. Chaque ouverture au monde suscite, en réaction, un désir très puissant d'enracinement. Plus on globalise, plus l'individu désire se différencier de la masse et revendiquer sa propre personnalité, sa langue et sa culture. Peu de gouvernements peuvent se vanter de diriger des majorités uniformes.

En outre, plus l'intégration économique s'installe, plus on assiste à la désintégration politique. Dans un article passionnant[12] sur notre *cyberplanète*, Peter Huber explique comment des millions d'investisseurs peuvent aujourd'hui, grâce à la magie d'Internet, transférer leurs actifs en devises et dans les pays de leur choix. Vous êtes mécontent du rendement de votre épargne-retraite ? Qu'à cela ne tienne, le monde de la finance internationale vous ouvre les bras ! Comme le démontre Peter Huber, « l'énorme mobilité que viennent de gagner les capitaux privés réduit sérieusement le pouvoir des gouvernements sur la politique macroéconomique ».

Sur le plan commercial, l'inversion de la situation a également eu lieu à cause de toutes les technologies de production assistée par ordinateur. Ainsi, la capacité de production a dépassé la capacité de consommer à l'échelle de la planète. Lorsque l'offre excède la demande, le consommateur est le premier à en profiter.

Le consommateur est devenu roi et un roi peut se permettre les plus ingénieux caprices. Comme citoyens, nous votons à intervalles périodiques ; comme consommateurs, nous votons tous les jours en décidant des biens que nous privilégions.

Le consommateur prend le contrôle des services qu'on lui offre, voire il établit lui-même les particularités des produits. En fait, plus le processus de fabrication est automatisé, plus le consommateur peut y jouer un rôle direct en utilisant l'ordinateur et l'inforoute.

Le monde de la numérisation est le « bit-bang » de la civilisation.

La société Dell Computers s'est lancée droit dans la mêlée en permettant au consommateur de se servir d'Internet pour commander son propre ordinateur... sur mesure. Grâce à la « vente au détail virtuelle », Dell se libère de la gestion des stocks. Le consommateur amorce et influence la fabrication d'un bien qui lui est très personnalisé, devenant maître du processus de production en temps réel.

3.2 VIRTUALITÉ ET SUR MESURE

Le fossé d'autrefois entre le consommateur et le fournisseur de biens se franchit désormais d'un clic de souris. La spécificité du produit et la vitesse de production sont des réalités incontournables. Pour demeurer en affaires, le fabricant devra, à divers degrés, intégrer sa clientèle à la création et à la fabrication des produits.

L'entreprise-réseau, régie en cellules flexibles[13], sera apte à réaliser le sur mesure capable de satisfaire les clients. Ces productions très personnalisées ne peuvent se gérer sans la puissance de l'ordinateur et les technologies de production devront permettre le passage d'un produit à un autre dans un intervalle extrêmement court.

La production de biens et de services se déplace vers la maison grâce à la sophistication croissante des moyens de communication. Ce marché, de plus en plus important, élimine une série d'intermédiaires aussi coûteux qu'inutiles. La gestion des travailleurs autonomes, parfois à des centaines de kilomètres de distance, n'a plus rien à voir avec le rôle d'un cadre intermédiaire, simple courroie de transmission entre décideurs et exécutants, ni avec le contremaître qui surveillait si les ouvriers s'activaient à la tâche. Le travail se fait en fonction des exigences du client quant au produit sans autre considération hiérarchique.

3.3 LE SACRE DE L'EMPEREUR

Nous sommes à l'ère du consommateur averti qui réclame tout à la fois : qualité, bas prix, rapidité, flexibilité, service, transparence, clarté et intégrité. Après tout, comme il a l'embarras du choix, il peut se le permettre. L'auréole de toute-puissance qui entourait jadis l'entreprise est démythifiée.

Les spécialistes en marketing affirment que, en général, il coûte six fois plus cher de trouver un nouveau client que de conserver celui qu'on a déjà.

Ce consommateur, choyé et capricieux, cherche la petite bête et s'insurge contre le moindre défaut. Il montre du doigt même le manque de conscience sociale des entreprises, soucieux que celles-ci soient plus humaines. De plus, il veut être traité avec tous les égards dus au roi qu'il est.

La fidélisation aveugle du client à un produit ou à une entreprise n'existe plus. Les efforts de marketing, même les plus ingénieux, ne connaissent souvent que des succès mitigés. La différence fondamentale entre le marketing traditionnel et un marketing proactif repose sur une approche dynamique du marché. On ne parle plus vraiment de *positionner* son produit, mais plutôt de *créer* un besoin et de faire naître littéralement sa propre part de marché. Le besoin créé chez les consommateurs ou le client peut être de natures diverses : meilleur produit, nouveau service, innovation technologique, gestion des processus, etc. Le marketing, aujourd'hui, est celui de l'imagination alliée à la qualité et au goût du risque.

Le marketing arrive d'ailleurs en tête des préoccupations de la plupart des entrepreneurs. La vente peut absorber près de 80 % du temps de travail dans une nouvelle entreprise[14] ! Disons très succinctement que le marketing consiste à offrir le bon produit, aux bonnes personnes, à un prix juste, au moment propice et à l'endroit approprié. Le mot d'ordre du nouvel entrepreneur est donc *Je fabrique ce que je peux vendre* et non plus *Je vends ce que je peux fabriquer*.

Attendu que les clients interviennent dans les spécifications des produits, il devient également indispensable que les différents services de l'entreprise (finance, marketing, ingénierie, etc.) fassent équipe dès le départ afin de placer l'entreprise en position proactive plutôt que réactive. Cette ère de coopération accélère le temps de réponse, diminuant du même souffle le coût de l'élaboration des produits.

3.4 INSTANTANÉITÉ

Les autoroutes électroniques accentuent l'autonomie du consommateur. Ce dernier peut, dans un délai très court, procéder à une recherche active et très détaillée de l'information permettant l'achat optimal. Par exemple, par le réseau Internet, en plus de l'information fournie par les entreprises, les internautes s'échangent librement renseignements et opinions sur des produits.

Nous sommes bien loin du catalogue Sears que nous attendions par la poste ! Aujourd'hui, nous pouvons acheter pratiquement n'importe quoi dans Internet, que ce soit une tricoteuse automatisée dans le New Hampshire, des obligations d'épargne émises par la Nouvelle-Zélande ou un médicament hollandais encore interdit au Canada. C'est simple, rapide et efficace.

Dans un discours devant des gens d'affaires de Chaudière-Appalaches, un directeur vantait les mérites de l'inforoute pour les entrepreneurs en région. Il racontait comment il s'était servi d'Internet pour repérer en un rien de temps un fournisseur en Suède et, dès le lendemain, commander par courrier électronique une pièce autrement introuvable ! Exactement le genre de problème qu'il n'aurait pu résoudre avant plusieurs semaines à ses débuts en affaires.

L'information qui provient d'une source universelle et accessible en quelques secondes modifie profondément les pratiques du marketing conventionnel. Le marketing direct remplace de plus en plus le marketing de masse, conséquence de la saturation et de la maturation de la presque totalité des marchés du village global.

Jusqu'à tout récemment, le fabricant pouvait contrôler le facteur temps alors que, aujourd'hui, le client lui impose sa vision du temps, qui se résume à « immédiatement ». Il faut donc lui proposer des produits et des services en temps réel. Nous oublions à quel point toute attente qui était « normale » il y a 20 ans nous semblerait intolérable aujourd'hui. Par exemple, nous considérons qu'il est tout naturel d'appeler un confrère de travail en Europe ou de télécopier un dossier urgent à Kyoto. Pourtant, avant les communications par satellite instaurées dans les années 1960, nous disposions d'un réseau d'à peine 300 voies pour acheminer tous les appels transatlantiques. Il fallait réserver une ligne téléphonique des jours à l'avance !

Voici un autre exemple. À mes débuts comme président d'une entreprise d'électronique, les circuits imprimés se réalisaient manuellement. De la conception à l'exécution finale, il fallait compter entre 30 et 45 jours. À présent, avec les logiciels spécialisés, un technicien élabore le même circuit sans aucune erreur, à un coût 100 fois moindre, et ce, en quelques heures.

L'instantanéité est la clé de l'avenir dans les secteurs manufacturier et tertiaire moteur. Blockbuster Video compte d'ici peu graver des disques compacts sur demande et les remettre au client moins d'une minute après la commande au comptoir. Qui dit mieux ?

4
Le travail

Lorsqu'une personne d'expérience rencontre une personne d'argent, la personne d'expérience récoltera de l'argent et celle d'argent acquerra de l'expérience.

Léonard LAUDER

L'avènement de la société des loisirs annoncé pour l'an 2000 devait nous permettre de ne travailler que de 25 à 30 heures par semaine. La réalité sera plutôt la suivante : le travailleur du Savoir, représentant la moitié de la population, sera sollicité de 50 à 60 heures par semaine, tandis que l'autre moitié ne travaillera que très peu ou pas du tout.

Le premier groupe disposera de peu de temps libre ; le second en aura amplement, mais restera sans argent pour les loisirs. Le sans-travail cohabitera avec la dépression et le surchargé de travail flirtera avec le *burnout*.

Certains économistes prédisent que le taux de chômage pourra atteindre 20 % à la fin de la décennie dans plusieurs pays industrialisés. Considérant les caractéristiques structurelles de la Troisième Vague, la situation est entièrement nouvelle par rapport à l'époque où la croissance s'accompagnait d'une augmentation de l'emploi et de la consommation. Fait révélateur, l'agence d'emplois temporaires Manpower est actuellement le plus gros employeur aux États-Unis.

Le chômage dans le monde en 1996			
Japon	3,5 %	États-Unis	5,2 %
Angleterre	7,8 %	Suède	8,1 %
Canada	9,5 % (5,6 % en 1970)	Allemagne	10,8 %
France	12,3 %	Québec	12,4 %

Assis sur un siège éjectable, le travailleur doit développer les talents qui peuvent le rendre indispensable. Ottawa annonçait au printemps 1997 la tenue d'un projet pilote visant à accélérer les procédures d'entrée des immigrants capables d'occuper l'un des 15 000 postes à pourvoir dans le domaine de la création de logiciels. En comptant tous les emplois de haute technologie toujours vacants au pays, il faudrait attirer (ou former) 30 000 personnes de plus.

4.1 MODE D'EMPLOI

À l'ère du Savoir, la véritable sécurité d'emploi est dans le talent et dans ce que les autres sont prêts à offrir pour l'acquérir. Les pays qui conserveront le principe actuel de la sécurité d'emploi verront leur nombre potentiel d'emplois diminuer. Mondialisation oblige, un bas taux de chômage dépend essentiellement de la compétitivité d'une société.

La sécurité d'emploi a souvent pour effet de conserver artificielle-ment des emplois inutiles, préjudiciables à la nation. Fondée sur la notion de droits acquis, elle conserve une attitude rigide face à des situations élastiques et très mouvantes.

Partager le travail de bras ? C'est possible parce qu'on en a deux. Partager le travail de tête ? Difficile quand on n'en a qu'une...

Le travail partagé n'offre pas davantage une solution au problème du chômage. La demande est très forte pour le travailleur du Savoir, domaine dans lequel nous souffrons de pénuries importantes. Puisque les travailleurs du Savoir ne sont pas des pièces interchangeables dans l'entreprise, la diminution de leur temps de travail ne créera pas d'emploi pour les autres.

Au contraire, les travailleurs du Savoir sont ceux qui, de plus en plus, contribuent à la compétitivité de la société. Plus ces travailleurs seront productifs, plus ils maintiendront des emplois nés d'une plus grande vitalité économique.

4.2 REVIREMENT DE SITUATION

Durant mes 20 ans en entreprise, j'ai eu forcément un grand nombre de déboires mais, parmi eux, les déboires financiers ont été plus faciles à absorber que la perte de ressources humaines stratégiques. Les périodes les plus tristes de notre organisation ont toujours été marquées par le départ d'un employé, jamais pour avoir loupé une vente.

Je consultais dernièrement le rapport annuel 1996 de Spar, un regroupement de sept entreprises dans les industries des communications, de l'espace, de l'aéronautique et défense, et du logiciel. Dans la section « Risques et incertitudes », un petit paragraphe m'a tout de suite intéressé, du jamais vu dans ce type de rapport. Ce paragraphe s'intitulait : « Dépendance à l'égard du personnel clé ». Le voici en entier : « La société [Spar] dépend beaucoup d'un personnel technique et d'ingénierie qualifié et de sa capacité d'attirer et de maintenir à son service un tel personnel. La concurrence pour ce genre de personnel est vive et la perte de certaines personnes, de même que l'insuccès à recruter rapidement du personnel technique clé pourraient avoir une incidence négative importante sur les résultats de la société. »

Les travailleurs du Savoir ne souffrent pas d'insécurité parce qu'ils sont très convoités. La « sécurité d'emploi », si chère à plusieurs personnes, n'a aucune signification pour eux. C'est

Même la motivation des travailleurs du Savoir ne dépend pas des louanges, puisqu'ils peuvent évaluer eux-mêmes leurs réussites ou leurs échecs.

au contraire l'employeur qui souffre d'insécurité en raison de la peur — amplement justifiée — de perdre le plus grand actif de son entreprise.

Avant de nous bagarrer pour séduire des clients, nous devons d'abord attirer les ressources humaines capables de satisfaire ces derniers. Seuls des travailleurs hautement qualifiés peuvent nous permettre de prétendre aux marchés lucratifs. Ce principe d'affaires est si important qu'il a radicalement transformé les politiques traditionnelles d'embauche, ce qui signifie qu'on trouve d'abord les personnes et qu'on détermine le travail à faire, après.

4.3 LE SALAIRE DE LA PEUR

Il est plus facile et plus agréable de gérer les ressources humaines qui risquent de nous quitter. Ces travailleurs restent parce que les conditions de travail leur plaisent et non parce qu'ils craignent le chômage.

Les pires conflits de travail que j'ai jamais arbitrés ont éclaté dans des usines manufacturières où les employés étaient en général peu scolarisés et totalement tributaires de leur emploi pour faire vivre leur famille. Esclaves de l'entreprise parce qu'ils avaient peu de chances de se placer ailleurs, ils en haïssaient d'autant plus l'usine, leur travail, les patrons et les contremaîtres.

Lors d'une grève particulièrement rude, accompagnée de violence, d'injures, de menaces et de coups de feu, j'ai pu calculer que 141 employés sur 142 étaient de retour au travail à la fin du conflit, qui avait duré plus de six mois. Dans les organisations performantes du Savoir, cette situation ne peut pas se produire. Après six mois, près de 100 % des employés ne retourneraient pas dans l'entreprise.

4.4 LA FIN DES AFFRONTEMENTS

Les syndicats, principaux responsables de l'amélioration des conditions de travail de l'ère industrielle, s'empressent de revoir leurs stratégies et de rajuster leur tir. Victimes de leurs victoires du passé, ils demeurent des organisations de Deuxième Vague mal adaptées pour représenter le travailleur du Savoir. Alors que les syndicats ont jadis amélioré les conditions des salariés par l'affrontement, ils se rebutent à l'idée de préconiser, comme le patron, des relations harmonieuses.

S'il faut faire plus avec moins, c'est le signal de faire autrement.

La confrontation entre les entreprises et les syndicats, méthode de négociation encore utilisée, est maintenant dépassée et néfaste autant pour les travailleurs que pour les employeurs. Les conflits de travail ont pour effet de diminuer notre compétitivité, pour le plus grand bonheur de nos concurrents. Nous faisons tout simplement le sale boulot à leur place !

Le temps de la confrontation à coup de menaces, de pancartes et de grèves est révolu. La survie des entreprises et des emplois n'exige rien de moins que la réalisation d'un nouveau pacte social. Les pays qui privilégient des lois ou des pratiques contrecarrant les mécanismes du marché ont les taux de chômage les plus élevés.

Il y a sur terre 3,5 milliards de paires de bras qui coûtent de 20 à 30 fois moins cher que les nôtres.

L'employé du Savoir redouble d'efficacité si son environnement favorise la pleine manifestation de son intelligence, hors du carcan des descriptions de tâches, des contrôles et des directives incompatibles avec la primauté de l'individu et de son autonomie. Sur le marché de l'emploi, on recherche maintenant une personne qui possède les compétences requises pour exécuter un mandat précis. C'est l'ère du Moi inc.

5
Entrepreneurship

L'entreprise a un urgent besoin de l'entrepreneur, du leader, pour se donner l'élan vital qui lui fera amorcer le XXIᵉ siècle ; un élan inspiré par la passion et guidé par la raison.

La saturation des marchés, la démassification et la délocalisation mondiale de la production rendent le succès plus difficile que jamais auparavant. Il faut, pour réussir, plus qu'un éclair de génie occasionnel ; on doit innover régulièrement et continuellement. Le succès ne peut plus être le résultat d'un coup de chance.

Une bonne idée peut être le point de départ d'une entreprise, mais seul le travail en fera un succès. L'inefficacité est de moins en moins tolérée et le défi du nouveau gestionnaire consiste à gérer la performance et le changement. L'entreprise de l'avenir sera intelligente[15] et innovatrice, ou ne sera pas.

La capacité de découvrir et d'exploiter les possibilités d'innovation se nomme l'entrepreneurship. Le changement, normal et sain pour l'entrepreneur, lui permet de transformer les règles du jeu en prenant constamment l'offensive. L'entrepreneur défait ce qui existe et le réorganise ; son métier est la destruction créative.

5.1 LEADERS ET MANAGERS : DEUX MONDES À PART

Puisque les leaders et les managers sont nécessaires à la bonne marche de l'entreprise, le dirigeant idéal devrait donc être l'un et l'autre à la fois. À la vision et à l'élan du premier, il joindrait la rigueur et le sens de l'organisation du second. Cependant, les différences fondamentales qui existent entre leurs façons respectives de concevoir le monde et l'entreprise en font des individus très différents.

LE LEADER	LE MANAGER
Entrepreneur	Gestionnaire
Vision et élan	Rigueur et sens de l'organisation
Crée les organisations	Dirige les organisations
Assume le risque	Minimise les risques
Délègue beaucoup et fait confiance	Délègue peu et contrôle
Minimise la hiérarchie	Fonctionne dans la hiérarchie
Dérange	Dérange très peu
Gère les résultats	Gère le processus
Provoque du désordre	Fait de l'ordre
Met à contribution la créativité	Plus réticent à l'innovation
Rapide à réagir au changement	Réaction plus lente au changement
Gère le changement	Propension au conservatisme
Réorganise	Organise
Prouve par les résultats	Prouve par l'argumentation

Les leaders n'ont rien des carriéristes ; ils ne s'attribuent pas les honneurs et préfèrent valoriser leurs collaborateurs. Ils délèguent beaucoup de responsabilités à ceux qui savent mériter leur confiance et tentent toujours de rallier les contributions individuelles à l'effort collectif.

Les managers dirigent les organisations, alors que les leaders les mettent sur pied et assument les risques. Il faut souhaiter que ces derniers créent davantage d'entreprises en ces temps difficiles, car les managers en font mourir plus que jamais.

Les managers essaient de bien faire les choses, les leaders font les bonnes choses. Si la société a besoin des managers dans la tour de contrôle, elle a désespérément besoin des leaders pour construire des avions et prendre les commandes.

5.2 L'ANARCHIE PRODUCTIVE

La société n'est pas nécessairement disposée à favoriser l'émergence de ces personnalités dérangeantes qui défient l'ordre établi et qui adorent mener leur vie dans la voie de dépassement. L'éthique du management repose sur l'ordre, les règles de procédure et exige que l'on mette les pièces rondes dans les trous ronds. L'entrepreneur viole l'éthique du management et provoque du désordre pour trouver des solutions mettant à contribution la créativité et l'imagination ; il crée ainsi de l'enthousiasme au travail.

Il est significatif de noter que les nouvelles entreprises, principalement dans le secteur des technologies de pointe, sont mises sur pied par des visionnaires, des leaders. Les managers, croyant augmenter la productivité, les normalisent et les font souvent péricliter.

Contrairement aux modèles qui présupposent que le développement économique est le fruit des stratégies industrielles de l'État ou de grands plans de développement savamment échafaudés, les leaders réussissent à produire dans un désordre apparent que les non-initiés appellent l'anarchie productive. L'économie des économistes est centrée sur les processus ; celle des leaders, sur les résultats.

Dépourvue du sens d'entrepreneurship, l'économie perd son élément dynamisant et ne peut être en expansion. Seuls les entrepreneurs

imaginatifs, ayant le goût du risque, engendrent les conditions nécessaires à l'émergence de PME par l'utilisation des techniques de pointe
et par le maillage diversifié et coordonné des ressources.

5.3 L'ÉCOLE, SYSTÈME CONTRE NATURE

Malgré des tentatives louables, les institutions d'enseignement ont
peu de réalisations effectives dans le développement de l'entrepreneurship transformateur. On donne de la formation, on donne bien des
conseils sur la création d'entreprises, mais dès qu'un entrepreneur se
risque à passer à l'action réelle, les guerres idéologiques annihilent les
efforts mêmes des plus audacieux.

Ces institutions, embourbées dans leurs conventions de travail,
handicapées par leur bureaucratie, se sont marginalisées par rapport
au marché de l'emploi et sont incapables de s'adapter à l'avenir. Le
flambeau de la supposée connaissance se passe de professeur en professeur, eux qui sont vrillés dans leur sécurité et qui n'ont vu de
l'entreprise et de la société économique que ce que d'autres ont écrit
sur le sujet. La formation universitaire en management est l'antithèse
de l'entrepreneurship, et les succès issus de ses rangs sont plutôt
attribuables au rejet des leçons inculquées.

En ce qui concerne l'entrepreneurship, il existe deux groupes qui,
heureusement, s'ignorent : ceux qui tentent, pour leur principal bénéfice, d'analyser sous le prisme de leur culture une culture étrangère
(*parlent*) et les réels entrepreneurs qui assument les risques (*agis-
sent*). Évidemment, les écoles qui essaient d'analyser les recettes des
entrepreneurs ont toujours une longueur de retard sur les réalités. Des
universités nous ont déjà proposé d'entamer une recherche sur les
maillages et les partenariats entre entreprises, savamment baptisés
groupes productifs localisés. Il s'agissait pourtant d'un fait acquis,
pour nous comme pour n'importe quel entrepreneur depuis une bonne
dizaine d'années. *Quid novi ?*

Les académiciens de la gestion se servent des fonds publics sous le faux prétexte de favoriser l'entrepreneurship. Ces fonds sont surtout utilisés à des efforts de normalisation de l'innovation. Pour ces pontifes, travailler avec les entrepreneurs est un risque qu'ils n'osent jamais prendre.

À moins d'une révolution peu probable dans notre système d'enseignement supérieur, l'entrepreneur émergent, sans camisole de force, modèle hors série non fiché sur les ordinateurs, sera ou devra être un autodidacte... par défaut !

DEUXIÈME PARTIE

QUOI DE NEUF ?

6
Le contrat informel

La plupart des entreprises ont connu un développement important pendant la période d'abondance. On a cru que leur croissance serait sans limites. Et plus les entreprises prenaient de l'expansion, plus la quantité de biens offerts augmentait. Par souci d'efficacité, les entreprises ont normalisé à l'extrême leurs relations avec leurs employés, leurs clients et leurs fournisseurs.

Durant l'ère de croissance, les effets pervers de cette normalisation ne se faisaient pas trop sentir. Maintenant, ces bonnes intentions de conformité s'ajoutent au chaos et sont liées à une bureaucratie préjudiciable à la compétitivité de l'entreprise. Employés, clients et fournisseurs sont appelés à laisser tomber leur rôle traditionnel devant cette administration écrasante.

6.1 LA LOI DU CADENAS

Le contrat social avec les employés est devenu lourd et strict à l'excès. Les moindres détails des relations de travail sont négociés, quantifiés et inscrits dans le grand livre du pacte patrons-employés, temporaire et fragile.

Il s'avère désormais que tout ce structuralisme s'exerce au détriment des employés et des entreprises. L'employé veut être traité comme une personne unique, mais son contrat formel, qui devait le protéger, ne permet pas de particularités parce que les conditions de travail négociées privilégient la conformité plutôt que la différence.

En outre, l'administration de ce contrat formel coûte très cher aux entreprises et diminue leur compétitivité. Cette approche rigide de la gestion des relations de travail ne sert plus personne en bout de ligne, et surtout pas le travailleur du Savoir qui devient l'ennemi résolu de toute cette orthodoxie.

Le diagramme ci-dessous permet de déterminer rapidement si l'entreprise appartient à la Deuxième ou à la Troisième Vague. Les employés du Savoir, motivés et compétents, réclameront qu'on leur délègue des pouvoirs et des responsabilités, faute de quoi ils joindront rapidement les rangs d'une autre entreprise. Ceux qu'il faut guider ou stimuler évoluent dans une zone grise qu'un bon leadership peut orienter favorablement. D'autre part, j'ai rencontré quantité d'industriels de la Deuxième Vague, dont plusieurs ont fait faillite depuis, qui n'embauchaient que des personnes peu motivées et peu compétentes, aptes à se laisser diriger sans mot dire.

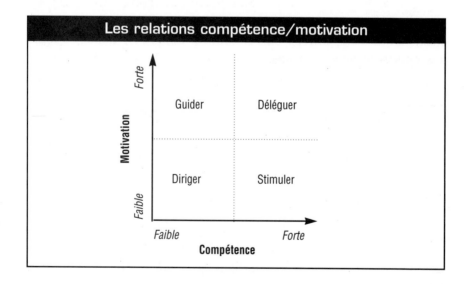

Dans une structure informelle, la culture de l'interaction et des résultats remplace la culture de la dépendance, de l'obéissance, de la conformité et de l'exécution. La frontière entre le contrôle et l'exécution dans le modèle mécanique est abolie. Ainsi, la créativité y est fortement valorisée. Chacun y met du sien afin d'apporter des solutions : pas question d'attendre qu'elles viennent d'en haut.

On continue à associer la gestion de style informel principalement à des compagnies d'informatique de la Californie ou à d'autres comme Softimage à Montréal. Si celles-ci ont depuis longtemps défoncé les paliers hiérarchiques, toute entreprise grande ou petite qui s'engage dans l'ère du Savoir doit leur emboîter le pas pour conserver ses travailleurs épris de leur liberté d'action et de pensée.

6.2 LIBERTÉ

Devant le cul-de-sac de la normalisation, l'entreprise intelligente se tourne vers le contrat informel, soit la gestion des ressources humaines de gré à gré. Il n'existe plus, dans cette approche, de règles quantifiées ni de mesures immuables régissant les relations de travail. Une parole donnée et une confiance mutuelle remplacent toute la paperasserie des ententes strictes et formelles. L'entreprise confie son destin aux personnes qui y travaillent.

J'ai commencé à expérimenter la gestion par contrat informel au milieu des années 1980. Le pacte informel se résume en un seul énoncé : « Notre entreprise ne fera jamais défaut à son personnel ni à ses clients. »

Le même raisonnement s'applique à la gestion ouverte, malgré les réticences qui perdurent à l'idée d'ouvrir les livres. Geste de pleine confiance, la gestion ouverte s'inscrit dans le respect de l'intelligence d'autrui. Et l'incertitude, avec le stress et les rumeurs qui l'accompagnent, se dissipe à mesure que l'information est diffusée au sein de l'entreprise.

En substance, la gestion sous contrat informel se traduit le mieux par les cinq « F » proposés par John Saunders. Sa formule se lit comme suit :

- *Focus* (entreprise axée sur la satisfaction du client) ;
- *Fast* (réactions rapides face aux besoins du marché) ;
- *Flexible* (capacité de changer de cap) ;
- *Flatten* (structure aplatie) ;
- *Fun* (tous les employés aiment ce qu'ils font).

J'ai une petite anecdote à raconter là-dessus. Lors d'une conférence avec traduction simultanée à Caracas, au Venezuela, je préconisais justement l'importance de savoir *changer de cap*. Cette affirmation, qui n'avait rien de particulièrement cocasse, a pourtant déclenché l'hilarité de la centaine de participants qui se trouvait là, à l'exception des militaires qui, postés l'arme au poing à l'arrière de la salle, avaient pour ordre de surveiller tout rassemblement. L'un des ingénieurs présents m'a expliqué que changer de CAP signifiait pour eux Carlos Andrés Pérez, leur président ! Nous étions alors en novembre 1992. Le lendemain, Caracas était le théâtre d'une sanglante tentative de coup d'État !

6.3 DÉVELOPPEMENT DURABLE

Le contrat informel entre les travailleurs du Savoir et l'employeur dure tant que la confiance règne entre les parties, donc tant que celles-ci respectent leurs engagements. Évidemment, tout système est imparfait ; cependant, dans ce cas, les avantages ne sont assortis, en contrepartie, que de légers inconvénients. Le tableau suivant permet une comparaison facile des deux systèmes :

LE CONTRAT INFORMEL	
Les avantages	**La contrepartie**
• Procure un modèle de gestion idéal pour l'élite	• Suscite un sentiment d'insécurité chez certains membres du personnel
• Garantit la gestion des résultats	• Est interprété par les moins performants comme une sécurité d'emploi obligatoire et automatique
• Assure un meilleur rendement de l'entreprise	
• Permet de plus grandes ressources de perfectionnement	• Dérange les structures de gestion conventionnelles
• Stimule la performance	• Permet temporairement à l'employé moins performant d'ignorer ses lacunes
• Minimise le nombre de profiteurs du système	
• Évite la bureaucratisation	

Les avantages de cette approche souple et constamment adaptable l'emportent de loin sur ses désavantages. La flexibilité de l'organisation permet à tous les employés de faire valoir leurs idées. Au sein de l'entreprise intelligente, l'employé pense, crée et innove. Valoriser le Savoir devient, de ce fait, la priorité de l'entreprise moderne.

Pour assurer un développement durable, il faut miser sur celui qui sait. D'autant plus que, dans ce système, l'employé est impliqué dans le processus créatif et décisionnel, ce qui lui permet d'être motivé et de prendre plaisir à travailler. Cet enthousiasme assure à l'entreprise l'intégrité de son personnel et, aux clients, un taux de satisfaction inégalé.

« Les employés sont des clients parce qu'ils s'attendent à ce que l'employeur reconnaisse leur contribution au succès de l'entreprise et qu'il récompense leurs efforts comme il se doit. Ils sont les actionnaires de la compagnie par leur engagement envers sa réussite. »
Manufacturing Competitiveness Frontiers

J'ai aussi souvent remarqué que, lorsque les employés gérés sous contrat informel sont invités à fixer eux-mêmes leur salaire, ceux-ci font preuve de beaucoup de modération. Au moins 25 % d'entre eux semblent même embarrassés de recevoir plus que leurs attentes. Traités avec intelligence, ils répondent avec intelligence.

Un seul, au cours de toutes ces années, s'est évalué 10 000 $ de plus que ce que suggérait l'évaluation de la satisfaction des clients à son égard. Pour dénouer l'impasse, je lui ai consenti tout de suite 5 000 $. Puis, je lui ai demandé de revenir me voir à n'importe quel moment de son choix et de me dire : « Je veux le reste ou je pars. » Je lui ai promis que je lui ferais part de ma décision dans la seconde suivante. Il a accepté sur-le-champ ma proposition. Peu curieux, il n'est pas revenu pour connaître quel aurait été mon choix.

Il ne faut pas en conclure que les dirigeants qui préconisent l'entreprise sous contrat informel le font uniquement par altruisme. Dans cette approche, ils ont à cœur l'intérêt de l'organisation. Ils ont compris que de ménager une place à l'imprévisibilité de l'humain rend possibles l'innovation et l'entrepreneurship.

6.4 À TOUT SEIGNEUR TOUT HONNEUR

L'entreprise intelligente favorise également des relations d'affaires beaucoup plus flexibles avec ses clients. Les contrats formels, jadis utiles, se justifient de moins en moins. En effet, les relations d'affaires exercées dans le cadre conventionnel le plus rigoureux répondent bien à une économie lente mais dérapent souvent, sur le plan de la rentabilité, dans une économie rapide. De nos jours, les relations d'affaires les plus profitables s'appuient sur la bonne foi, le respect mutuel et la confiance entre les parties.

Le monde sans frontières dans lequel l'entreprise moderne est appelée à évoluer valorise des produits personnalisés. Inspiré par l'ère d'individualité dans laquelle nous vivons, le client veut un produit qui se démarque, quelque chose qui lui ressemble. Puisque le client est roi, il faut combler toutes ses attentes et ainsi déjouer la concurrence.

Afin de bien cerner les besoins, un échange libre et fécond doit exister entre le client et le fabricant. Cette communication directe est gage de succès en évitant les malentendus et les pertes de temps.

6.5 SUR LE MÊME PIED

Les relations traditionnelles avec les fournisseurs, qui se résumaient fréquemment à un rapport de force où le gros l'emportait, cèdent le pas à un rapport d'égal à égal. Le fournisseur efficace doit maintenant être considéré comme un réel partenaire et se comporter comme tel.

Le fournisseur ne peut plus simplement se contenter d'envoyer la facture. Toutes les parties ont plus de pouvoirs et profitent des forces des autres. La gestion de la relation d'affaires est moins stricte et encourage l'initiative.

Dans une « optique client » partagée avec le fournisseur, il faut cesser de voir l'autre en rival pour le considérer comme un collaborateur. La relation repose sur l'assurance que son vis-à-vis agira avec égard et considération dans un intérêt commun.

> « Dans de nombreuses compagnies, les fournisseurs contribuent jusqu'à 70 % de la valeur d'un produit, une indication claire que le succès d'une entreprise est étroitement lié à ses fournisseurs. »
> Society of Manufacturing Engineers

Dans cet environnement de pleine coopération, il est essentiel que l'information circule librement pour épargner temps et argent. Rien ne doit se perdre dans les détours d'une hiérarchie opaque et rigoriste.

6.6 LA CULTURE DE L'INFORMEL

Cette nécessité d'établir des relations informelles avec les employés, les clients et les fournisseurs découle de la globalisation des marchés, qui nous force à être plus compétitifs pour rester en affaires. Atout non négligeable, l'organisation sous contrat informel, grâce à sa voilure variable, se comporte mieux dans les zones de turbulence. Comparons simplement une usine engluée dans des conflits entre les services de l'ingénierie, des achats et du marketing, soucieux chacun de préserver sa sphère d'influence, à une autre où les décisions sont prises sur la base des objectifs de productivité.

Profil de l'entreprise sous contrat informel

- Horaire de travail très flexible
- Définition des tâches inexistante
- Congés non statutaires
- Aucun organigramme
- Plus de 50 heures par semaine pour la majorité
- Hiérarchie nulle
- Élimination naturelle des employés peu passionnés
- Travailleurs du Savoir (scolarisation élevée)
- Moyenne d'âge d'environ 30 ans
- Perfectionnement privilégié et constant
- Sentiment d'appartenance créé en grande partie au sein de l'équipe de travail
- Sanction venant surtout du client et la critique, de l'équipe
- Équipes de travail en perpétuelle rotation
- Relations de travail à l'amiable et non par le biais d'un syndicat
- Encadrement faible, responsabilisation, forte autonomie et initiative
- Fort pourcentage des revenus alloué à la recherche et au développement
- Produits ou services à forte valeur ajoutée
- Relations avec les clients et les fournisseurs sur une base informelle
- Marché mondial conquis par des alliances stratégiques
- Travailleurs convoités par d'autres entreprises

On ne peut plus compter sur le modèle hiérarchique où la vérification et le contrôle assurent la conformité. La culture de l'organisation remplace toutes les règles formelles, inutiles devant un esprit d'entreprise fort et bien établi. Elle est l'âme de l'organisation parce qu'elle rassemble des personnes qui partagent la même façon de voir. Les valeurs personnelles deviennent les valeurs de l'équipe et tous sont solidaires face à l'atteinte des objectifs.

Personne n'étant exploité ou ne se sentant ainsi, le groupe n'a pas besoin d'activités de défoulement ou de compensation. Une collègue de travail me faisait remarquer que, même si notre organisation fournissait les boissons alcoolisées lors d'activités de groupe, jamais personne n'en sortait en état d'ébriété. La culture non écrite de l'organisation ne permettait tout simplement pas pareille situation.

Le présent et l'avenir reposent totalement sur le mode de gestion informelle. Chaque jour, des milliards de dollars sont échangés sur une base informelle. En raison des nouvelles technologies de l'information à transmission ultrarapide, il n'y a plus de distances à franchir pour régler des affaires. Le monde du travail suit le courant et seuls les rapides gagnent.

6.7 CONVERGENCES

Pour demeurer compétitive, l'entreprise moderne doit revoir son mode de gestion. Employés, clients et fournisseurs ont tous leur mot à dire au fil du processus de production. Ils ne peuvent plus se permettre d'agir seulement dans leur propre intérêt.

Avec du personnel talentueux et fortement motivé, la délégation est le mode de fonctionnement tout indiqué, réduisant d'emblée les structures hiérarchiques de contrôle. En fait, le contrôle dans l'organisation proviendra du client et non de l'intérieur.

Toute organisation d'avant-garde doit se faire des alliés et partager les responsabilités. Désormais, on ne dira plus *diviser pour régner* mais plutôt, *diviser pour prospérer*.

7
L'ère du virtuel

On ne subit pas l'avenir, on le fait.

Georges BERNANOS

L e modèle postindustriel qui a fait le succès des pays développés ne fonctionne plus. La matière première, la force ouvrière et le capital sont rayés de la liste des ressources cruciales. Les technologies de l'information ont déclenché les mutations foudroyantes de l'ère du virtuel.

Aucun pays industrialisé ne s'est assuré une amélioration constante de son niveau de vie. L'appartenance au groupe des pays développés n'est pas immuable. Dans une libre économie, il faut à chaque instant rétablir sa position. Les droits acquis n'existent plus.

Virtualité
Le produit ou le service virtuel a comme caractéristique d'être conçu, réalisé et adapté en temps réel à la demande du consommateur.

La surcapacité mondiale de production et l'ère de l'information ont rendu le consommateur en mesure d'exiger des produits personnalisés en temps réel, ce qui a engendré les services virtuels et, du même coup, les entreprises virtuelles. La différence s'amenuise de plus en plus entre les manufacturiers de biens de consommation et les fournisseurs de services.

Signe des temps, le 17 juillet 1995, la valeur boursière de Microsoft a dépassé celle d'IBM. L'importance des installations manufacturières était cruciale chez cette dernière et très marginale chez la nouvelle venue. La société IBM comptait alors 240 000 employés à l'interne et Microsoft, 15 000.

7.1 L'AXIOME DU Dr MOORE

L'or et les profits de Bre-X étaient tellement virtuels qu'il semble bien qu'ils n'aient jamais existé.

La capacité de livrer des produits virtuels n'est pas forcément facile à acquérir, surtout de la part de l'entreprise traditionnelle qui doit se remettre totalement en question. Bâtiments, parcs d'équipement et ouvriers d'usine, indissociables de l'ère industrielle, n'ont plus de raison d'être. Seuls priment les actifs intangibles de l'entreprise : la capacité d'acquérir et d'appliquer le Savoir.

Le coût du MIP[16] baisse tous les ans et cette tendance devrait se poursuivre, renforçant la suprématie toujours plus grande du produit virtuel. Entre 1976 et 1995, le coût d'un méga-octet a baissé de 40 % par année ! Il est ainsi passé de 16 500 $ US à... 23 $ US[17].

L'évolution rapide des systèmes informatiques et les possibilités fantastiques des puces électroniques ont rendu véridique l'axiome du Dr Gordon Moore, l'un des pionniers de la Silicon Valley en Californie qui, au début des années 1970, avait prédit avec justesse que la capacité des mémoires doublerait tous les deux ans. Selon W. Davidow et M. Malone[18], l'ordre de magnitude de ce changement se situe entre 7 et 9. À titre comparatif, la bombe atomique est classée comme un bouleversement de magnitude 4 et la Révolution industrielle, de magnitude à peine supérieure à 2.

À la fin de 1996, aux États-Unis, Intel achevait la mise au point du supermicroprocesseur capable de réaliser plus de 1 000 milliards

(1 x 10^{12}) d'opérations par seconde. Le prochain objectif vise à atteindre les 100 000 milliards (1 x 10^{15}) d'opérations par seconde.

7.2 OCTETS AU TRAVAIL

La fabrication de produits virtuels est inconcevable sans l'utilisation d'un réseau informatique évolué permettant de traiter rapidement les données issues du marché, des besoins et même des caprices des consommateurs. Forcément, les méthodes de conception doivent être très rapides, car le temps est un facteur crucial. Une seule méthode de production répond à cet impératif du virtuel : la production assistée par ordinateur (CAO/FAO).

En 1995, les communications mondiales atteignaient près de 60 millions de minutes (voix, texte, données). D'ici l'an 2000, ce chiffre sera de... 9,5 milliards de minutes[19].

Un changement aussi radical dans la nature du produit engendre un changement tout aussi radical dans les notions de conception, de production, de marketing, de distribution et de financement. Nous ne sommes plus très loin du temps où le consommateur fabriquera sa voiture sur un ordinateur pour recevoir son chef-d'œuvre quelques jours plus tard.

De même, l'ascension des personnages 3D animés sur ordinateur est fulgurante. Les acteurs virtuels, progéniture des informaticiens, déclasseront un jour les vedettes capricieuses, peu flexibles et très coûteuses de Hollywood. Cette prédiction n'est pas si futuriste. Une agence de mannequins japonaise a créé, en 1996, une jeune fille de synthèse aux mensurations idéales, dont elle a construit la personnalité de toutes pièces, jusqu'à lui donner une date de naissance, des parents, etc. La nouvelle star a déjà « signé » plusieurs contrats de films publicitaires[20].

7.3 LE NOUVEAU MONDE

Qui sont ces petits tigres asiatiques ? Sept pays dont l'industrialisation fulgurante n'a d'égale que leur utilisation des technologies les plus modernes : Chine, Corée, Inde, Indonésie, Malaisie, Singapour, Taïwan.

Coup de chance, les pays plus développés comptent la plus forte concentration de travailleurs du Savoir. Ils occupent la position la plus favorable dans le nouveau concept d'entreprises et de produits virtuels. D'autre part, des pays du Sud-Est asiatique anciennement qualifiés de sous-développés sont aujourd'hui surnommés « les nouveaux tigres », en raison de leur entrée fracassante dans la Troisième Vague.

Selon l'Organisation mondiale du commerce (OMC), le commerce des biens et des services dans le monde a triplé en 15 ans, dépassant les 6 000 milliards de dollars. Le continent asiatique continuera tout particulièrement à en profiter. Les droits de douanes, qui s'élevaient à 40 % à la fin de la Deuxième Guerre mondiale, auront plongé sous la barre des 4 % à l'aube de l'an 2000.

À ma première année de l'école primaire, je me souviens avoir pleuré parce que je n'avais pas trouvé cette semaine-là les sous nécessaires pour acheter « mon petit Chinois ». Nos investissements ont bien profité. Les « grands Chinois » peuvent maintenant nous acheter !

Les pays sous-développés qui pensaient se positionner avec de la main-d'œuvre peu scolarisée et bon marché se voient écartés de ce nouvel environnement économique. Chez Custom Shoe, au Connecticut, on numérise la forme de vos pieds, puis on transfère ces données en temps réel à une usine en Italie. Vos chaussures sur mesure arrivent deux semaines plus tard, cela pour moins de la moitié du prix d'une confection dans un pays du Tiers-Monde.

7.4 LE DÉBUT D'UN TEMPS NOUVEAU

Selon cette approche du virtuel, le travail strictement manuel sera bientôt relégué aux artisans et à de rares industries. D'ici l'an 2000, d'après Charles Handy, professeur au London Business School et ancien dirigeant de Shell, 80 % des emplois feront appel à des capacités intellectuelles plutôt qu'à des compétences manuelles. Et je suis porté à croire que ce pourcentage tendra rapidement vers les 90 %.

Pour citer les dernières statistiques publiées, 90 % des emplois créés au Canada entre 1984 et 1991 sont regroupés dans les secteurs du Savoir. Et la tendance s'accentue dans les années 1990. En 1996, au Québec, les experts-conseils en gestion sont déjà plus nombreux que les travailleurs des pâtes et papiers[21].

L'entreprise virtuelle naît de la nécessité de réaliser un profit. Dans le cas de l'entreprise traditionnelle, la virtualisation est provoquée le plus souvent par la menace réelle de l'absence de profit.

La localisation de l'entreprise perd son importance stratégique antérieure en raison de la puissance des communications intégrées à l'ère du virtuel. Lors de la présentation de notre expertise à São Paulo (environ 20 millions d'habitants), j'ai dessiné une carte sommaire de l'Amérique du Nord avec pour points de repère New York, Chicago, Toronto, Montréal et, finalement, notre localité, La Pocatière, sans rien dire du nombre de ses habitants (6 860 au dernier recensement). Après tout, ce n'était pas important. Lorsque les Brésiliens se sont présentés chez nous, ils cherchaient évidemment la ville. À leur remarque : « Nous pensions que c'était une grosse ville », j'ai répondu : « Qui vous a dit que c'était gros ? Vous n'êtes pas ici parce que nous vivons dans une grosse ville, mais parce que nous sommes les meilleurs pour faire de vous des clients ultrasatisfaits. »

7.5 CYCLES DE VIE

Les services virtuels sont déjà bien implantés sur la planète. Pensons simplement à la circulation de l'argent dans une société qui ignore de plus en plus les devises en espèces grâce à la monétique. La monnaie électronique, qui fait le tour de la terre en quelques fractions de seconde, est parfaitement adaptée à l'ère du virtuel.

> *« Le prototypage virtuel favorise les échanges entre les divers spécialistes durant toutes les étapes du cycle de conception du nouveau produit, élimine la nécessité de construire des prototypes matériels coûteux, permet plus d'itérations dans le cycle de conception et réduit le temps de mise en marché. L'exemple le plus connu de ces applications industrielles est celui du Boeing 777, pour lequel les ingénieurs ont procédé aux vérifications d'assemblage des pièces sur un prototype entièrement virtuel, alors qu'ils devaient jadis construire plusieurs prototypes grandeur nature pour accomplir cette tâche[22] ! »*

L'entreprise virtuelle se caractérise par une nouvelle constante : le temps. Le cycle de vie des produits diminuant constamment, il faut renouveler ceux-ci très rapidement. Le temps est dorénavant très court au plan de la R&D et tout aussi bref entre l'identification du besoin du client et sa satisfaction.

Prenons par exemple le design des véhicules automobiles, qui s'étalait sur une quinzaine d'années après la Deuxième Guerre mondiale et ne prend plus que quatre ans aujourd'hui. Chrysler soutient que la virtualisation de ses procédés de production lui permet de couper ce temps de moitié en 1997. Grâce à l'ingénierie simultanée, les services du marketing, de la conception et de la fabrication peuvent travailler ensemble à la mise au point d'un produit plutôt que chacun leur tour.

Impitoyable, la dictature du temps s'applique aussi à nos meilleurs produits qu'il faut remplacer avant que la compétition ne le fasse. Cette opération est particulièrement délicate lorsque ces mêmes produits nous ont placés dans le groupe des leaders. Ainsi, First Technology Safety Systems du Michigan saborde son propre marché pour entrer dans le monde du virtuel ! Forte de 80 % des ventes mondiales de mannequins pour tests automobiles (*crash test dummies*), la compagnie a annoncé, en mars 1997, la création de mannequins électroniques. Les ordinateurs pourront massacrer en une semaine autant de voitures prototypes et de mannequins que les ingénieurs ne le faisaient en une année. Les constructeurs économiseront des douzaines de millions de dollars par modèle, réservant pour la phase finale les tests « réels » exigés par la loi[23].

7.6 L'ENTREPRISE CAMÉLÉON

Dans l'approche très souple du virtuel, le risque est largement réduit. L'entreprise n'étant pas physique, elle peut croître et même décroître au rythme du marché. L'entreprise virtuelle n'a pas à supporter des charges financières inutiles lors d'une décroissance parce que l'organisation est toujours capable de s'adapter au moment présent.

> *Il est facile de trouver des gens en faveur du changement pour les autres et dans le respect absolu du statu quo pour eux-mêmes.*

La notion de qualité change également : elle ne relève plus de la rigueur des processus de fabrication, mais bien de l'appréciation du consommateur. Autre paradoxe, les entreprises qui se sont démarquées par la conformité aux normes ISO devront dorénavant s'illustrer par la non-conformité.

La structure hiérarchique qui servait à transmettre de l'information et souvent à la filtrer a perdu toute justification parce que les systèmes informatiques le font sans faille à une vitesse inégalée. La prétendue gestion scientifique du travail, où chaque geste du travailleur est prévu et minuté, est morte et enterrée.

Pourtant, la réticence au changement ne date pas d'hier. Nous voulons toujours répéter nos succès, même si nos actions et nos orientations passées risquent de ne pas s'appliquer à la situation présente.

Obéissant au principe du 20-80[24], la réussite de l'implantation de l'entreprise virtuelle dépend à 80 % de notre système culturel et à 20 % seulement de l'aspect technologique.

Il y a une quinzaine d'années, un universitaire en gestion des organisations m'a proposé, après une brève analyse, une solution très simple à la résistance de notre personnel au changement. Il m'a dit : « Réduis ton rythme de changement ou embauche seulement des gens à forte capacité d'adaptation. » J'ai choisi la deuxième option et, depuis, tout est rentré dans l'ordre.

7.7 LE GÉNIE DANS LA LAMPE

La route de l'avenir commence par la libéralisation des cerveaux.

L'entreprise industrielle classique était la propriété des patrons et le travailleur n'était qu'une pièce interchangeable au sein de l'organisation. L'entreprise virtuelle appartient au travailleur du Savoir, pièce maîtresse de l'échiquier corporatif.

Pour tous ces travailleurs, la notion traditionnelle de carrière est disparue. Aucun d'entre eux n'aspire à gravir les échelons d'une hiérarchie qui n'existe plus. Au lieu du parcours classique, l'employé privilégie le perfectionnement et s'attend à se former et à évoluer tout au long de sa vie professionnelle. La formation, indispensable à l'entreprise virtuelle, n'est plus considérée comme une dépense mais comme un investissement.

Le sentiment d'appartenance se crée non plus uniquement face à l'entreprise mais davantage autour de l'équipe de projet, qui fonctionne sur le mode de la délégation des pouvoirs. Dans le cas d'entreprises à activités multiples, les groupes de travail n'ont pas à se conformer aux rythmes et aux méthodes des autres. Chaque équipe ou chaque projet est un mini-centre de profit qui remplit d'autant plus son rôle qu'il est autonome.

L'avenir des organisations passe par le retour aux petites entités pour la simple et bonne raison que dans les entités réduites, les liens qui unissent les gens sont affectifs plutôt que fonctionnels. Ramenons l'entreprise à des dimensions humaines.

Le profil de l'employé dans les organisations virtuelles
Se perfectionne constamment
Travaille en petites unités autonomes
Traite directement avec le client
L'embauche privilégie les capacités d'adaptation
L'entreprise met beaucoup d'efforts pour conserver cet employé

Toutes les grandes organisations ne sont certes pas amorties par leur structure au point qu'il faille préconiser leur démembrement ! Certaines d'entre elles ont le mérite d'être très alertes à l'égard de la nouvelle économie et ont adopté une formule conséquente avec l'élan de la Troisième Vague en se divisant et se redivisant en centres de profit autonomes.

États dans l'État, tous les centres de profit concurrencent entre eux pour l'obtention de contrats et sont redevables de leurs résultats financiers auprès du siège social. Tel est le cas, par exemple, de Bombardier, qui se démarque parce qu'elle ne craint ni l'innovation, ni le changement.

7.8 LA VIRTUALISATION DANS NOTRE COUR

L'entreprise humaine cultive la fierté des actionnaires et des employés, à l'inverse de l'entreprise de Deuxième Vague qui demeure plongée dans le cloisonnement habituel entre gouvernement, patronat, syndicats et employés. Dans un même bulletin de nouvelles diffusé par

Radio-Canada, les journalistes avaient interviewé des travailleurs de l'ancienne MIL Davie et des employés de Bombardier. Les premiers, visiblement inquiets pour leur avenir, critiquaient le système, réclamaient l'intervention du gouvernement et se plaignaient ouvertement de leurs conditions de travail. Les travailleurs de Bombardier, par contre, entrevoyaient l'avenir avec beaucoup d'optimisme. Leurs paroles traduisaient leur sentiment de fierté envers la compagnie et leur confiance envers l'obtention de contrats futurs.

Pas un mot sur le bon vieux temps... Leur confiance était justifiée, car le chiffre d'affaires de Bombardier vient de dépasser celui d'Hydro-Québec. De plus, la compagnie annonçait, lors de la réunion annuelle de ses actionnaires en juin 1997, qu'elle prévoyait doubler ses ventes au cours des cinq prochaines années et maintenir à 19 % le taux de croissance annuel de son bénéfice.

Cela dit, il n'en demeure pas moins qu'un autre défi de taille attend ses dirigeants au tournant du prochain siècle, celui de la virtualisation. Parviendront-ils à conserver le meilleur de Bombardier tout en délestant l'entreprise de sa structure industrielle ? La virtualisation passera entre autres par l'augmentation de la sous-traitance, ce à quoi, là comme ailleurs, se refusent beaucoup d'employés[25].

Si Bombardier a besoin de l'appui de ses effectifs, l'entreprise aura tout autant besoin de la sous-traitance pour atteindre ses objectifs de croissance et de rentabilité. Le succès de Bombardier dépendra en partie de son habileté à résoudre ce dilemme.

7.9 UNE IMPLOSION CALCULÉE

Les équipes ou cellules de travail qui remportent le plus de succès comptent de 15 à 30 personnes. Plusieurs dirigeants ont compris ce fait et divisent leur compagnie en centres de profit, ou se tournent vers la formation d'équipes de projet qui favorisent la participation, la mise en valeur des compétences et la transparence.

À présent, toute entreprise qui regroupe une masse critique de matière grise peut aspirer au marché international. Ceux que l'on disait nés pour un petit pain démontrent qu'ils ne veulent rien de moins que toute la boulangerie !

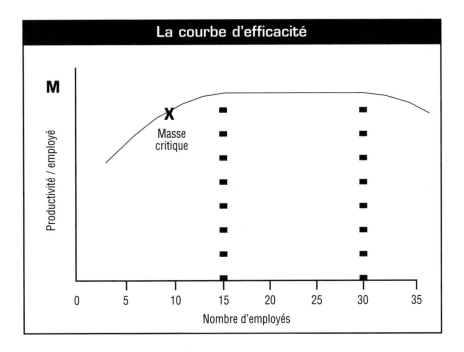

7.10 DARWIN REVISITÉ

L'entreprise virtuelle est la « machine à apprendre » par excellence ; elle réussit ainsi à comprendre et à s'adapter rapidement à un environnement en profonde mutation. Elle repère forcément les bonnes occasions et les saisit avant l'éveil des mastodontes industriels.

Darwin avait visé juste en pointant l'adaptation comme le facteur clé de la survie d'une espèce. Obéissant aux conditions économiques, politiques et technologiques, les entreprises qui prennent des risques et qui gèrent de façon plus intuitive que formelle obtiennent des contrats dans une économie qui n'attend pas.

Cette montée de l'entreprise virtuelle fait naître l'insécurité surtout parmi les adeptes des structures conventionnelles et, c'est normal, parmi ceux qui n'appartiennent pas à la catégorie des travailleurs du Savoir. Des revendications s'élèvent pour maintenir en vie des entreprises aux actifs tangibles et obsolètes. La levée des boucliers vise à conserver des emplois pourtant impossibles à justifier dans l'économie globalisée actuelle.

Plus les agents économiques ou les gouvernements résisteront à l'entreprise virtuelle et à l'arrivée de l'économie de la Troisième Vague, plus le nombre de démunis augmentera. Ceux qui qualifient le concept d'entreprise virtuelle de futuriste ou d'utopique comprendront vite, comme le dit Alvin Toffler, que « nous assistons à l'arrivée prématurée du futur ».

8
Le modèle organique

Ce ne sont pas les bons produits qui font les bonnes entreprises, mais
ce sont les bonnes entreprises qui créent les bons produits.

L e modèle de gestion en pyramide s'est imposé au siècle précédent avec l'implantation du chemin de fer aux États-Unis. Afin
d'optimiser l'utilisation des convois sur un vaste territoire, il
s'avérait en effet essentiel de créer une structure où un patron se
rapportait à un autre patron, chacun faisant état du nombre et de
l'emplacement des wagons et des locomotives dans son secteur.

Cette forme de gestion hiérarchique a perdu sa raison d'être grâce
aux technologies nouvelles. Avec l'avènement d'instruments aussi
perfectionnés que les GPS[26], il est maintenant possible de connaître, à
partir d'un seul centre et en temps réel, la position de tout un parc de
locomotives et de wagons… à un mètre près !

Toutefois, bien que désuet, le modèle pyramidal est demeuré ancré
dans les mœurs industrielles. Ceux qui ont atteint les sommets hiérarchiques ne sont certes pas intéressés à faire disparaître un système qui
les avantage et qui, surtout, justifie leur présence tout en haut de la
pyramide. Comme dans les chemins de fer, nous nous sommes
habitués aux passages à niveau entre les échelons hiérarchiques.

8.1 LA LOI DE LA NATURE

La pyramide retourne à ses origines : le tombeau des gestionnaires. Le supérieur qui donnait des ordres à ses subordonnés s'égosille maintenant tout seul sur son perchoir. Les entreprises performantes et pleines de vitalité remplacent le modèle mécanique par un modèle organique qui intègre la *personne*, non plus le simple exécutant. Le monde a changé. On vend de moins en moins de matière et de plus en plus de génie !

Les modèles d'entreprises d'hier à aujourd'hui		
LES CADRES STRUCTURAL ET ENVIRONNEMENTAL	**LE MODÈLE MÉCANIQUE** (pyramidal)	**LE MODÈLE ORGANIQUE** (pluricellulaire)
Structure	Verticale	Réseau
Critères économiques	Économie d'échelle	Économie de la flexibilité
Structures industrielles	Prééminence des activités répétitives, routinières	Démassification de la production
Technologie	Mécanisation	Automatisation, fabrication flexible
Tâches	Très définies, peu d'exceptions	Peu définies, les exceptions sont nombreuses
Stratégie	Centrée sur le produit	Centrée sur le client
Culture managériale	Rigide et contrôle de gestion	Entrepreneuriale, pluridisciplinaire, projet communiqué et partagé
Gestion	Réactive, calme et lente	Proactive, tourmentée et rapide
Emploi	J'occupe un emploi	Je crée mon emploi
Engagement social	Société du non-travail et de la démotivation, coûts sociaux	Société de la personne et de la créativité

Dans ce nouveau modèle, l'entreprise est considérée comme un être vivant. Cet être a une période de gestation : il naît, croît, atteint sa maturité, décline, puis finalement meurt. Certaines entreprises sont mort-nées, d'autres meurent en bas âge ou à un âge plus mûr, tandis que quelques-unes périssent à un âge avancé. Cela dit, nous maîtrisons beaucoup mieux le cycle de vie des produits que celui des entreprises.

Les organisations restent toutefois assujetties à la loi de la nature et doivent disparaître un jour. Celles qui ne veulent pas mourir et que l'on doit maintenir en vie artificiellement entraînent un coût social très élevé.

Les entreprises centenaires sont aussi exceptionnelles que chez l'humain, la moyenne d'âge des entreprises canadiennes étant de 44 ans. Toutefois, une entreprise italienne fait mentir les statistiques : Berretta, fondée en 1492 ! Berretta fabrique des pistolets haut de gamme bien connus des passionnés d'armes à feu ou de films d'espionnage. À sa fondation, elle se spécialisait dans la confection d'armures. Si Berretta était demeurée dans sa niche originale, elle aurait disparu à coup sûr. Elle n'aurait certes jamais pu attendre 500 ans pour connaître un bref regain d'activité auprès des amateurs de Donjons et Dragons.

Bombardier est un bon exemple québécois du passage réussi d'une compagnie de la Deuxième Vague à une entreprise de l'ère du Savoir. Pour faire un peu d'histoire, la compagnie a été fondée en 1942 par J.-Armand Bombardier, inventeur du véhicule chenillé qui porte son nom. En 1974, Bombardier inc. entreprend sa diversification par l'obtention d'une commande de voitures de métro pour la ville de Montréal. C'est ainsi qu'elle a transformé, entre autres, l'usine MOTO-SKI de La Pocatière, plutôt artisanale, en une usine moderne où des travailleurs qualifiés n'ignorent plus rien des robots-soudeurs ou de la CAO/FAO.

J'ai participé, dès 1976, à cette mutation en organisant et en super-visant simultanément 29 programmes de formation en usine, amorçant justement la sortie de la phase artisanale. Bombardier est d'ailleurs restée fidèle à sa politique de formation en entreprise.

Bombardier ne cesse de se ramifier dans l'économie de la Troisième Vague, misant sur des produits à haute valeur ajoutée, comme les avions, les équipements de transport terrestre et autres créneaux spécialisés. Bombardier n'a pas l'âge de Berretta, mais elle a atteint une maturité comparable dans des délais infiniment plus courts. Elle a fait le saut du «Moyen Âge» technologique à l'ère du microprocesseur en moins d'une génération. Même si Bombardier, notre fierté à tous, mourra elle aussi un jour, nous lui souhaitons cependant une très longue vie !

8.2 BIOLOGIE APPLIQUÉE

Comme l'être vivant, l'entreprise attrape des maladies dont la plus pernicieuse est l'infection par la bactérie mangeuse d'organisations, à savoir la bureaucratie.

Les organisations humaines, comme la nature, se renouvellent de façon cyclique. Ce renouvellement est le plus souvent provoqué par une crise qui, elle, suit une période de succès et d'abondance. À l'instar de l'être humain, l'entreprise traverse donc des phases creuses et des périodes de léthargie ou de somnolence plus ou moins profondes. Il est bien connu que, lorsqu'une entreprise va bien, elle a tendance à se reposer sur ses lauriers pour finalement s'endormir.

Plus elle est importante, plus son sommeil est profond. Le réveil doit être brutal, il faut une onde de choc ou une technique de rupture qui ébranle l'organisation dormante. En 1991, la société General Motors, confrontée à ses déficits énormes, a décidé de secouer tout le monde en annonçant la fermeture de 21 usines ! D'autres organisations, voyant fondre les profits, décident de licencier brutalement, surtout des cadres, de manière à ce que tous les employés prennent la chose au sérieux. Habituellement, la rentabilité revient jusqu'à la prochaine phase de somnolence qui provoquera une autre vague de brassage.

Les organisations engourdies et paralysées nécessitent des coups de barre vigoureux parce que les changements lents ratent l'essentiel.

Martin Luther King les considérait comme « la drogue tranquillisante du gradualisme ». La multiplication des comités consultatifs a tôt fait d'étouffer l'action. Le changement ne souffre pas d'attendre dans une économie qui a largement transformé ses vitesses de réaction.

Même si nous ne les aimons pas, les crises sont utiles au cheminement de l'entreprise en stimulant l'imagination. Si elles ne surviennent pas spontanément, il faut les provoquer. Cependant, en 20 ans de métier, j'ai remarqué que les redressements les plus efficaces se produisent non pas en situation de panique, mais lorsque l'organisation est en bonne santé.

8.3 LES TOURNANTS DE L'HISTOIRE

Le comment importe peu, seuls les résultats comptent. À l'inverse, dans la structure pyramidale, une innovation ne peut être que le résultat d'une désobéissance qui a bien tourné.

En facilitant la diffusion de l'information et les interactions entre ses membres, l'entreprise dotée d'une structure pluricellulaire s'adapte avec aisance aux nouvelles réalités. Les entreprises de modèle organique s'insèrent facilement dans des réseaux et des maillages industriels, tant pour la création de produits que pour la fabrication et la commercialisation internationale.

Le concept du maillage a été mis au point par les Japonais à la suite de leur défaite en 1945 lors de la Deuxième Guerre mondiale. Le général MacArthur, soucieux de briser la machine de guerre japonaise, avait ordonné l'éclatement des grandes sociétés, tel le groupe Mitsiu qui s'est scindé en 220 sociétés. Cette situation a eu pour effet d'introduire le maillage, c'est-à-dire la concertation des activités industrielles et commerciales sans appartenance à une pyramide ni lien financier.

Pour en donner un exemple concret, IBM sortira de l'ère usinière grâce à plus de 20 000 alliances d'affaires avec d'autres entreprises. Ces alliances répondent, entre autres, aux objectifs suivants :

- acquérir de nouvelles technologies ;
- renforcer son expertise technologique ;
- mettre au point de nouvelles techniques opérationnelles ;
- étendre les territoires de marché ;
- accroître le volume des ventes ;
- augmenter la capacité de production ;
- moderniser les techniques de production ;
- réduire le temps de l'idée au marché ;
- devancer la concurrence ;
- élargir ses bassins de ressources humaines ;
- optimiser les ressources matérielles ;
- procurer des économies d'échelle ;
- engendrer des synergies de gestion ;
- palper les besoins des consommateurs ;
- mieux gérer le risque ;
- augmenter les profits.

Comme l'être vivant face aux perpétuels changements de la nature, l'entreprise doit saisir les mutations économiques actuelles – telle l'augmentation de la concurrence mondiale – et s'adapter à ce nouvel environnement si elle veut survivre. La gestion en pyramide, lourde et lente à réagir, doit disparaître pour faire place à un modèle de gestion favorisant la créativité, l'innovation et le leadership.

8.4 BULLETIN DE SANTÉ

Je suis régulièrement sollicité pour arbitrer des situations difficiles ou apporter mon appui au redressement d'entreprises. Dans bien des cas, la grille ci-dessous m'a été très utile pour me guider au moment où je mettais les pieds dans une organisation en situation de crise.

Dans une entreprise ou une institution publique ou parapublique, les conséquences d'une bonne ou d'une mauvaise gestion ne se manifestent évidemment pas de la même façon. L'organisation peut être constamment très malade sans pour autant en mourir... La vie y est cependant moins agréable pour les usagers et le personnel.

	ORGANISATION MALADE	ORGANISATION EN SANTÉ
1.	La médiocrité est mieux acceptée que la performance.	La performance est la règle et marginalise la médiocrité.
2.	Seules les crises amorcent des changements (*management by crisis*).	Les problèmes sont résolus avant les crises.
3.	On tente d'embaucher plus faible que soi et le personnel est esclave de l'organisation.	On tente d'embaucher plus fort que soi et le personnel peut quitter l'organisation.
4.	Le perfectionnement est une dépense à minimiser.	Le perfectionnement est un investissement essentiel.
5.	L'évaluation du personnel est un sujet tabou, incompatible avec la noblesse des tâches.	L'évaluation du personnel est normale et indispensable à l'amélioration de la productivité.
6.	La gestion du processus est plus importante que les résultats.	Les résultats sont très importants par rapport au processus.
7.	Le syndicat préconise le nivellement et protège les tricheurs ou les exploiteurs du système.	Le syndicat préconise l'excellence et protège les bons travailleurs que le système exploite.
8.	La nature et le nombre des postes résultent d'acquis historiques.	Les postes sont en fonction des besoins réels et actuels.
9.	On dépense beaucoup dans les contrôles qui font économiser très peu.	On réduit les contrôles et on s'applique à générer des ressources supplémentaires.
10.	Les règles et les procédures nombreuses ne servent pas à organiser mais à contrôler les gens.	Les règles et procédures sont minimales et on fait surtout appel à l'initiative et au jugement des gens.
11.	L'importante bureaucratie sert de filtre, d'éteignoir aux idées du personnel.	Le personnel peut exprimer ses bonnes idées et les rendre opérationnelles sans entraves.
12.	Les décisions sont lentes à venir et soumises à un processus élaboré d'apparente consultation.	Les décisions sont décentralisées et rapides.

13.	Le client est peu important et servi par du personnel mécontent.	Le client est très important et est servi par du personnel satisfait.
14.	Les MTS administratives (mesquineries transmises systématiquement) se propagent.	Les gestionnaires se préoccupent de réduire les irritants au minimum.
15.	On graisse la roue qui crie (On écoute les personnes peu productives qui se plaignent beaucoup).	On se préoccupe surtout du personnel productif, souvent silencieux.
16.	Les communications se font de façon filtrée, édulcorée.	Les communications sont franches, simples et directes.
17.	Les gestionnaires sont nombreux, font des réunions et s'occupent de détails insignifiants.	Les gestionnaires, peu nombreux, délèguent et préparent l'avenir.
18.	L'entreprise n'a pas de réel plan de développement et tout le monde tente de donner une direction.	L'entreprise a un plan de développement précis, communiqué et partagé ; la direction donne la direction.
19.	La condition préalable à tout changement est le respect absolu du statu quo.	La gestion du changement fait partie du quotidien.
20.	La culture de l'organisation la rend tellement tributaire de son passé qu'elle est incapable de composer avec le présent et encore moins de s'adapter à l'avenir.	L'organisation compose avec le présent en mutation et s'adapte à l'avenir.

FICHE DE DIAGNOSTIC

Inscrire un crochet à l'endroit le plus approprié

	ORGANISATION MALADE			ORGANISATION EN SANTÉ			
	Très vrai	Assez vrai	Vrai	Vrai	Assez vrai	Très vrai	
1							
2							
3							
4							
5							
6							
7							
8							
9							
10							
11							
12							
13							
14							
15							
16							
17							
18							
19							
20							
Total de √	Mult. par 0	Mult. par 1	Mult. par 2	Mult. par 3	Mult. par 4	Mult. par 5	Grand total
	0						

De 0 à 20 : Cas désespéré, débrancher le respirateur.

De 21 à 40 : Pas de potion magique, un remède de cheval s'impose.

De 41 à 60 : Amélioration toujours possible.

De 61 à 80 : Excellente santé.

De 81 à 100 : Le détecteur de mensonge ne révélera rien de plus.

9
Vision stratégique

*Celui qui met ses pas dans les traces de celui qui le précède
ne le devancera jamais.*

Mao TSÉ-TOUNG

D urant l'ère de la grande croissance économique, les gourous
du management ont insisté sur l'importance de la « planification stratégique ». Pourtant, ces deux mots ne vont pas
ensemble, pas plus que le terme progressiste-conservateur ni *public
servant* en anglais. Difficile en effet d'user de stratégie lorsque tout est
bien organisé. La stratégie demande un ajustement constant des
actions à prendre pour atteindre l'objectif ultime, la rentabilité de
l'entreprise.

9.1 MISE EN JEU

Lors du démarrage d'une entreprise ou d'un changement d'orienta-
tion, il convient d'élaborer un plan d'affaires accompagné de bilans pro
forma. Cependant, même si ce document fait mûrir l'idée du projet,
l'idée de faire un suivi scrupuleux de ce plan, si travaillé soit-il, relève
maintenant de l'utopie. Rédigé pour une période de trois à cinq ans, le
plan d'affaires a peu de chances d'évoluer au rythme du marché. En
fait, la meilleure stratégie se trace au quotidien, en réaction aux aléas
de l'économie. Dès qu'on la fixe sur papier, elle meurt.

La vision la plus perspicace du devenir de l'entreprise ne nous permet donc pas d'y voir très loin. Pour franchir cette limite temporelle et éviter la gestion par à-coups, il vaut mieux se convertir à la *vision stratégique*, que je pourrais décrire comme une anticipation du contexte dans lequel évoluera l'entreprise dans un avenir rapproché. En saisissant les grands enjeux du marché (tendances, créneaux à mettre en valeur, intentions des concurrents, nouvelles technologies, etc.), les dirigeants sont plus aptes à prendre des décisions donnant un avantage concurrentiel à leur entreprise.

Wayne Gretzky
837 buts et 1 771 mentions d'aide en 1 253 parties dans la LNH entre 1979 et 1996, sans compter les séries. Il est le meilleur joueur de tous les temps dans ces trois catégories et a battu une foule d'autres records qui demeurent invaincus depuis.

Ces décisions n'ont pas nécessairement de conséquences immédiates pour l'entreprise, mais leur impact se fait sentir à plus ou moins brève échéance. Un jour, on a demandé au joueur de hockey Wayne Gretzky la recette de son succès. Il a répondu : « Je ne vais pas où est la rondelle, mais où elle sera. » Savoir devancer l'action, c'est faire preuve de vision stratégique.

9.2 LE REGARD DE L'AIGLE

Dans un itinéraire rigoureusement planifié, les chemins secondaires passent inaperçus. Mais d'autres yeux plus perçants auront tôt fait de les remarquer et d'exploiter les occasions intéressantes qu'ils recèlent. Les perdants d'aujourd'hui pourraient fort bien être les gagnants de demain. Nuala Beck cite par exemple une entreprise minière qui a accaparé le marché d'une enzyme pour extraire le métal par lessivage et Microsoft devenu un leader dans les applications de l'intelligence artificielle et de la logique floue[27].

Le succès ne passe pas toujours par le chemin le plus court. Un détour mène souvent à d'autres voies inattendues et lucratives. Paul Valéry disait : « Ce qui s'oppose à l'invention, c'est ce qui existe déjà. »

L'entreprise peut se libérer du passé — en action dans le présent — pour se tourner vers l'avenir.

Les changements brutaux du monde obligent l'entreprise à faire face rapidement aux nouvelles réalités si elle veut survivre. La réforme gouvernementale du système de la santé, par exemple, a étonné tout le monde et a bouleversé le marché du domaine médical. Des entreprises se sont tout de même aventurées dans ce nouveau sentier et ont adapté leurs produits à la réalité et aux besoins de leurs clients. Bien sûr, aucun plan à moyen ou à long terme ne prévoyait ce revirement de situation.

Autre exemple[28] de myopie aiguë : la Schwinn Bicycle Company, fondée en 1895, qui s'est placée sous la protection de la Loi de la faillite en 1992. Ses ventes de bicyclettes, auparavant phénoménales, s'étaient effondrées parce que l'entreprise avait tout simplement ignoré les marchés naissants du vélo de course et du vélo de montagne.

9.3 FEUILLE DE ROUTE

Puisque l'instabilité du monde des affaires d'aujourd'hui laisse peu de place au pronostic à long terme, éliminons la planification au profit de la stratégie. Contrairement à la planification qui fixe à l'avance l'itinéraire à suivre, la stratégie exige la correction continuelle du trajet à parcourir selon les changements qui se produisent dans l'environnement économique.

« Une vision sans action n'est qu'un rêve. Une action sans vision ne fait que passer le temps. Une vision combinée à l'action peut changer le monde. »
Joël A. Barker

Si vous avez à conduire la nuit entre La Pocatière et Québec, vos phares ne sont pas assez puissants pour éclairer d'un seul coup toute votre route. De 50 mètres en 50 mètres, il est cependant possible de vous y rendre. Une planification à l'avance et immuable de votre route pourrait bien vous faire rater une courbe.

9.4 VISION ET INTUITION

La vision stratégique peut paraître une hérésie aux yeux des écoles de management par rapport à la démarche académique dite scientifique, puisque cette vision fait appel aux impressions ; elle est guidée par l'intuition plutôt que par la raison formelle. La formation en management demeure fondée sur une méthode de gestion, la planification, qui n'était efficace que lorsque l'économie était en croissance continue.

Or, selon les gestionnaires traditionnels, faire appel à l'intuition s'avère trop risqué. Au lieu d'agir, ils planifient et donnent l'illusion de s'occuper des problèmes. Ils ont recours aux formules éprouvées pour assurer le succès d'une entreprise et se rassurer.

Le succès ne saurait s'appuyer sur de telles certitudes. L'action basée sur ce principe n'a plus d'objet, car s'il fallait attendre que toutes les données soient connues, un compétiteur aurait vite fait de prendre la place.

Trop peu palpables pour certains, vision et intuition assurent le succès aux organisations montantes. Si le chemin menant à la réussite était tout tracé d'avance, il est évident que tous l'auraient déjà emprunté.

9.5 LE TEMPS D'AGIR

Le monde planifiable ne correspond plus à la réalité. Dans des marchés mûrs et saturés, chaque gagnant engendre un perdant. L'entrepreneur dit non aux formules toutes prêtes et à la planification excessive. Grâce à la vision stratégique, il gère avec intuition, recherchant les occasions d'affaires insoupçonnées.

La vision stratégique est indispensable au devenir des entreprises dans le contexte économique actuel. À la planification qui retarde l'action succède la stratégie. Dans les mots de Henry Mintzberg, professeur de gestion à l'université McGill : « La stratégie naît de l'action. »

10
La réingénierie de la réingénierie

Un médecin, c'est quelqu'un qui verse des drogues qu'il connaît peu
dans un corps qu'il connaît moins.

VOLTAIRE, Épigrammes

L obkowitz, biographe du médecin belge Jan Baptist Van Helmont (1577-1644), ne s'est montré guère tendre envers son sujet : « Ses malades ne languissaient pas longtemps : en trois jours, ils étaient soit morts, soit guéris[29]. » Sans doute aurait-il émis un jugement tout aussi sévère à l'endroit des nouveaux gourous de la réingénierie, méthode choc de redressement d'entreprises dont le taux d'échec dépasse les 75 %… Si Van Helmont est passé à l'histoire pour ses idées réformatrices, qu'adviendra-t-il de la réingénierie prescrite par des disciples sans scrupule ?

10.1 LA MÉTHODE

Comme l'a formulé Michael Hammer, la réingénierie répond à un besoin fondamental de changement parce qu'elle préconise un nouveau départ, en faisant table rase des principes moteurs de l'organisation et en repartant de zéro. Dans sa forme la plus pure, la réingénierie met au rancart l'hyperspécialisation des tâches ainsi que les règles et procédures bureaucratiques afin de redonner aux employés un réel pouvoir de décision face à leur travail et aux clients.

En raison de son caractère révolutionnaire, dans les mots de Michael Hammer, la réingénierie s'attaque à changer radicalement la culture de l'entreprise, la gestion de ses ressources humaines et ses processus de fonctionnement. Loin de se confondre avec les principes de l'amélioration continue, cette méthode de rupture assène un véritable coup de marteau aux organisations qui se trouvent devant un mur... ou qui le voient venir.

10.2 RÉUSSIR OU PÉRIR

Les techniques de rupture apparaissent comme une bouée de sauvetage pour les entreprises manufacturières précipitées dans le chaos des mutations économiques profondes et rapides. L'industrie japonaise, l'usine américaine ou la PME québécoise sont toutes appelées à se conformer aux nouvelles normes de la production ou à disparaître, de sorte qu'elles cherchent constamment à se renouveler en fonction des nouveaux impératifs du monde des affaires.

Innovation et adaptation ne s'effectuent cependant pas sans complications, surtout dans une entreprise déjà chancelante. Il n'y a souvent qu'un pas à franchir en tel cas pour conclure que la solution repose dans l'application de mesures extrêmes, un audacieux *lifting* pour faire peau neuve et stimuler les profits.

Dans ce contexte, les stratégies de rupture prennent d'ordinaire un caractère draconien et s'appuient sur une équation très simple, voulant que la réduction des coûts se traduise par une entreprise allégée qui en fera plus avec moins. À l'instar des barbiers-chirurgiens pour qui la saignée apportait réponse à tous les maux, nombre

---

**L'entreprise anorexique,
principe des années 1990**

Il fut un temps où l'importance d'un patron était proportionnelle au nombre d'employés sous sa direction. Les bons gestionnaires se mesurent maintenant au nombre d'employés qu'ils éliminent. Juste retour des choses, la médaille ira d'ici peu aux gestionnaires capables de garder les ressources stratégiques dans l'entreprise.

de consultants en gestion d'entreprises prônent aujourd'hui, sous le couvert de la réingénierie, des compressions tous azimuts dans les dépenses et, surtout, dans le personnel.

10.3 LA LEVÉE DES BOUCLIERS

La réingénierie a mauvaise presse à l'heure actuelle parce que les tenants de la méthode la prescrivent à toutes les sauces. Appliqué à doses variables, ce traitement choc est contre-productif, voire dangereux pour l'identité de l'entreprise qui n'aurait eu besoin que de changements mineurs. Celle-ci risque d'y perdre au passage autant l'appui de son personnel que le bagage utile accumulé au fil des ans.

Technique de rupture par excellence, la réingénierie agresse justement parce qu'elle révolutionne, provoquant de part et d'autre des réactions inverses aux objectifs de performance. Les causes d'échec les plus fréquentes sont la faible compréhension de la méthode parmi le personnel, le manque de communication, une mobilisation inexistante, le manque de leadership, etc. Elles illustrent bien les difficultés de rallier gestionnaires et employés au bien-fondé de la méthode, puis de les convaincre de suivre le traitement jusqu'au bout. La réingénierie est alors perçue dans l'entreprise comme le changement pour le changement, et la résistance tend à s'organiser contre ses initiateurs.

Ayant personnellement provoqué et géré en profondeur trois réingénieries avant même que la mystique du nom ne soit consacrée et à la mode, j'étais en mesure de comprendre dès le départ que son application à grande échelle serait à

Le succès de la réingénierie d'une entreprise repose à 20 % sur les processus et à 80 % sur le facteur humain.

coup sûr un échec. La réingénierie dans ses fondements est une technique de rupture qui ne doit être utilisée que dans les cas extrêmes. On peut la comparer à une chimiothérapie pour un patient atteint du cancer. Efficace dans certains cas, ce remède de cheval s'avère absolument inadéquat pour une entreprise qui n'est pas gravement malade.

10.4 LE TEMPS DES GOUROUS

Plusieurs dirigeants d'entreprise succombent malgré tout à l'attrait des cures miracles et, jusqu'à maintenant, la réingénierie a attiré bon nombre d'entre eux. Les firmes de consultants, qui y ont vu une manne prometteuse et facile, se sont vite déclarées des spécialistes de la question. Toutes ces vocations tardives sont maintenant au banc des accusés, car les échecs de la méthode sont beaucoup plus retentissants que les quelques succès dénombrés.

La formule convenue veut que « si tu n'es pas tout à fait sûr de conduire les destinées d'une entreprise, tu peux toujours en devenir le consultant ». Quand le consultant décide effectivement de gérer une entreprise, il n'est pas étonnant de constater que son taux d'échec est plus élevé que la moyenne, surtout s'il se prend très au sérieux.

Les gestionnaires troublés et souffrant d'insécurité ont tendance à s'accrocher à des gourous et à des slogans à la mode dans l'espoir de trouver des solutions miraculeuses. Ils font alors les frais de ces soi-disant experts à la parole facile, indifférents au succès ou à l'échec de la méthode, puisqu'un chèque au même montant les attend en bout de ligne. Tout est toujours question de confiance : le gestionnaire qui peut mesurer les paradoxes et le chaos des organisations est moins vulnérable aux charlatans du management. Il peut penser par lui-même et remettre en question la sagesse conventionnelle.

Le nez collé à la vitre, le gestionnaire peut sans doute avoir besoin d'un autre œil. Cependant, le risque est beaucoup moins élevé pour le gestionnaire d'expérience qui sait décanter les affirmations du consultant. Ce dernier mettra généralement en lumière un ou deux points très valables. Mais il ne faut pas appliquer bêtement ses recommandations dans leur intégralité. Votre flair vous indiquera ce qui marchera ou ne marchera pas.

La contestation est bénéfique à l'évolution des mentalités, surtout si la personne qu'on conteste le plus est soi-même.

Mes expériences avec un grand nombre d'entreprises m'ont démontré que les stimulus externes, qui viennent des clients, des consultants et autres, sont importants pour amorcer un questionnement. Néanmoins, les meilleures solutions naissent toujours au sein même de l'organisation. *La porte du changement s'ouvre de l'intérieur.*

10.5 DEUX FOIS PRIS AU MÊME HAMEÇON

Pis encore, l'offre de la réingénierie commence déjà à créer sa propre demande. J'en veux pour preuve le dernier livre de Michael Hammer sorti en août 1996, *Beyond Reengineering*, selon lequel l'amélioration des procédés de l'organisation ne suffit plus. L'après-réingénierie propose un remède nouvelle formule, l'*entreprise longitudinale*, issu de la philosophie des procédés horizontaux. Truc bien connu de ces loups-garous que d'élaborer une théorie incompréhensible. Si elle ne fonctionne pas dans votre organisation, c'est qu'elle a été mal comprise...

L'engouement pour la réingénierie se compare à la frénésie déclenchée ces dernières années pour l'accréditation aux normes qualité ISO 9000. On mise sur la conformité des procédures pour filtrer les non-conformes, même si l'entreprise du Savoir repose essentiellement sur l'imagination et la capacité à se démarquer. Face à la prééminence de l'originalité, ISO, c'est idiot, mais il serait idiot de s'en passer si l'on veut décrocher des contrats! Cependant, à l'instar de l'après-réingénierie, celui qui a les reins assez solides pour subir avec succès le traitement de sélection peut s'attendre à devoir passer le test de l'après-ISO.

Que dire de ce consultant qualité en visite à mon bureau, qui avait commis une faute d'orthographe dans les deux mots de son titre sur sa carte d'affaires? Ou de la norme ISO envoyée chez nous en anglais, contrairement à notre demande?

TROISIÈME PARTIE

ADAPTATION

11
Le défi du management

Respecter la dignité du travail utile.

Mission du Massachusetts Institute of Technology[30]

Durant l'ère de la croissance, le développement d'une entreprise, en route vers son Far West, était souvent lié au défi de trouver du capital et une technologie performante. Ces deux denrées, rares à l'origine, sont maintenant surabondantes. Fin 1996, on dénombrait au Québec une trentaine de sociétés de capital de risque, dont les actifs totalisaient 3,2 milliards de dollars. Nous comptons, par habitant, plus de capitaux sous gestion que l'Ontario ou la Californie[31] !

Les banques et les sociétés de capital de risque regorgent aujourd'hui de capitaux inutilisés. Toujours au Québec, plus de 800 millions de dollars de capital de risque attendent des preneurs. De plus, les technologies pour les produits et les procédés de fabrication ont quitté le giron de la grande industrie pour devenir accessibles mondialement. Si un projet est intéressant, le capital sera forcément au rendez-vous. Il manque toutefois des clients pour acquérir les produits et les services, et des idées nouvelles pour courtiser les consommateurs.

11.1 DE GÉRER À GÉNÉRER

La surcapacité mondiale de production menace la profitabilité du capital et la rentabilisation des technologies. À titre d'exemple, AutoFacts inc. estime que la surcapacité des usines de production automobile atteindra les 22 millions de véhicules en 1998, contre 18 millions en 1996, et ce, pour des ventes annuelles de 50 millions de véhicules par année! En Amérique du Nord, notre surcapacité de production est de 3,4 millions de véhicules, dont 680 000 (20 %) au Canada[32].

Les entreprises sont maintenant confrontées à un nouveau défi : le management. Comment dénicher et surtout comment rendre profitables des occasions d'affaires qui se font rares ? Comment satisfaire de nouveaux consommateurs devenus très exigeants et très informés ? Comment attirer et conserver l'élite des travailleurs du Savoir ?

Le bon management se résumait autrefois en 4 « C » : contrôle, conformité, contrainte et contrat. Ils mènent au cinquième : la crise.

Les leaders ont profité de cette occasion inespérée pour changer le style du management. Au lieu de gérer, il faut dorénavant générer, sinon il ne restera plus rien à gérer pour plusieurs organisations. Générer de nouveaux créneaux, de nouveaux revenus, de nouvelles façons de faire... réinventer le management.

J'ai personnellement connu une époque où il était possible de commettre des erreurs et de réussir tout de même. Nous avions alors du temps et même l'aide du gouvernement pour corriger nos maladresses. Maintenant, nous sommes coincés par le temps et il ne faut surtout plus compter sur le gouvernement : on ne peut pas devenir riche en quêtant auprès d'un plus pauvre que soi.

En économie rapide, un gouvernement ne peut pas trouver les gagnants ; seuls les perdants tentent encore de trouver le gouvernement. Les humains, comme les animaux, se tournent naturellement vers la source qui les nourrit. Bien avant d'avoir développé sa capacité de vision, le nourrisson trouve spontanément le sein. Les organisations qui tètent le gouvernement au lieu de servir adéquatement les clients restent rachitiques, car elles s'alimentent à une mamelle tarie.

Les gourous du management ont fait fortune en analysant les formules gagnantes. Cette ère est terminée parce que ceux qui dissèquent des formules gagnantes ont maintenant toujours une longueur de retard sur les nouvelles réalités économiques en mutation constante. Ces gourous risquent fort de disséquer des cadavres peu instructifs pour la vitalité des organisations montantes.

11.2 LA GESTION DU RISQUE

Le défi du management se manifeste souvent par une difficulté à gérer adéquatement le risque. Les secteurs sûrs n'existent plus. Si le gestionnaire veut décider d'une action lorsque toutes les variables aléatoires d'un marché sont dissipées ou très bien connues, la décision n'a plus d'objet parce qu'un compétiteur plus aventureux et parfois même suicidaire aura occupé le peu de place disponible.

Quelqu'un qui a une bonne idée d'affaires ne va surtout pas répandre la nouvelle autour de lui. Il l'exploite avant de se la faire voler. Un beau jour, deux jeunes hommes en complet-cravate se présentent à mon bureau. Après m'avoir félicité, ils m'ont demandé si j'étais intéressé à faire beaucoup d'argent et vite. Je leur ai répondu que non. Devant leur air étonné, je leur ai expliqué que j'avais déjà appris d'escrocs comme eux que l'habit ne fait pas le moine, mais qu'il aide à le cacher !

Il est faux également de prétendre que le développement est issu des exercices imposés de concertation que prêchent les gouvernements. En affaires, si l'on attend que tout le monde soit d'accord pour se diriger dans un secteur donné, il faut justement le fuir parce que les occasions d'affaires auront disparu depuis longtemps. Un bon citoyen disait : « Plus j'entends parler de concertation, plus je suis déconcerté... »

La gestion du risque est devenue la pierre angulaire du management, mais les grands succès côtoient toujours les possibilités d'échec. Nous vivons le paradoxe de la saine gestion du chaos. Cette situation n'a pas que des éléments négatifs. L'obligation de s'adapter continuellement à un univers changeant stimule les créateurs en faisant appel à leur intelligence.

> « Le Chaos donne souvent naissance à la vie, là où l'Ordre n'engendre que l'habitude. »
> Henri Brooks Adams

Le bon gestionnaire de l'ère de la croissance devait faire grossir l'entreprise aux dimensions du marché. Dans le chaos actuel, il commet une erreur en voulant répéter le même scénario. La grandeur de l'entreprise sera de préférence proportionnelle à l'aptitude du gestionnaire de piloter avec un minimum de casse dans la tempête. Tout repose sur sa capacité à s'adapter à l'imprévisible, donc à bien gérer le risque.

Qui ne se souvient pas de cette fable de Jean de La Fontaine, La Grenouille qui se veut faire aussi grosse que le Bœuf ? « *Elle qui n'était pas grosse en tout comme un œuf / Envieuse s'étend, et s'enfle, et se travaille / Pour égaler l'animal en grosseur, / (...) La chétive pécore / S'enfla si bien quelle creva* ». Si vous exploitez une jeune entreprise d'usinage de deux employés avec un chiffre d'affaires de 250 000 $, ne pensez même pas à alimenter Bell Helicopter en moyeux de rotors ! Cependant, vous pourriez certainement vous dénicher une place enviable dans des marchés ultraspécialisés dont les temps de réponse rapides ou le raffinement des pièces rebuteraient par exemple les autres fournisseurs courants.

11.3 COMMUNAUTÉ DE BIENS

Le leadership ou le bon management ne se définissent pas dans un cadre théorique. Les relations entre humains sont une question de sentiment, d'intuition, de passion, une affaire de cœur... Le bon management est tout au plus un relâchement semi-organisé permettant la créativité dans un groupe ayant une vision relativement commune du devenir de l'organisation.

Rien ne sert de posséder une technologie de pointe sans en assurer une bonne gestion. *Ce n'est pas la technologie qui rend productif, mais la capacité à la gérer.* Une technologie ne peut être performante si elle n'est pas gérée par des gens performants.

Lors du recrutement de candidats, les entreprises exigent de l'autonomie, le sens des responsabilités, de l'engagement et de l'entrepreneurship. Cependant, lorsque les nouveaux employés entrent en poste, les règles et les structures de l'entreprise traditionnelle sont aux antipodes de ces qualités. Pis encore, lorsque l'on traite les employés comme des irresponsables, ils finissent par le devenir.

J'oublie pour un instant toute modestie en vous rapportant ce qu'un chercheur conclut de façon positive à mon sujet, non sans avoir d'abord présenté une liste bien remplie de mes points faibles : « Ton point fort, c'est que tu connais très bien tes points faibles. » Avec la complexité croissante de l'économie, nous sommes, comme gestionnaires, tous plus ou moins incompétents. Je veille donc à embaucher des collaborateurs dont les incompétences sont différentes des miennes.

L'entreprise du Savoir, qui fuit l'étroitesse des grands principes, adhère tout de même fidèlement à un certain nombre d'évidences quant au respect de la personne humaine. L'un des fils conducteurs de la Troisième Vague pourrait se résumer ainsi : *On n'investit pas dans des technologies ni dans de bonnes idées, mais dans la tête des gens qui peuvent les rendre profitables.*

11.4 HOMO SAPIENS

*L'organisation gagnante est supraconductrice : elle offre peu de résistance
à la circulation de l'information et au changement.*

La base du management à succès repose plus que jamais sur les ressources humaines, à savoir des collaborateurs qui acceptent avec toute l'organisation de se remettre continuellement en question et d'évoluer au rythme des marchés. La créativité est la force maîtresse de l'entreprise. Elle ne se planifie pas, mais on peut la stimuler et la favoriser.

Dans le monde des affaires, les affaires humaines sont les plus complexes. Nous savons, grâce à la technologie, faire fonctionner entre eux des robots mais il nous est beaucoup plus difficile de composer avec le fonctionnement de nos semblables. Les « techniques de direction » échouent lorsque l'on tente de les appliquer dans la zone délicate des relations humaines. Il semble qu'il en soit ainsi de nos rapports interpersonnels. Si une technique est utile pour faire la cour, elle est inutile pour faire l'amour.

Tout récemment encore, un ingénieur très brillant me demandait de lui louer les services d'autres ingénieurs pour travailler à ses projets. Devant toutes ses exigences exagérées, j'ai été forcé de lui dire : « Je ne peux pas répondre à ta demande. Ton point fort, c'est les machines et ton point faible, les humains ! »

11.5 ESPRIT DE CORPS

« *La seule chose qui coûte plus cher que l'information est l'ignorance des hommes.* »
J. F. Kennedy

Lorsque l'insécurité s'installe dans une équipe, toute l'entreprise vient de perdre la partie. Seules les équipes qui se consacrent à satisfaire le client de façon différente et adéquate ont les plus grandes chances de succès.

Stériles et improductifs, les conflits internes servent les compétiteurs. Si tout le monde est centré sur la productivité, personne n'a besoin de mettre des efforts sur sa sécurité. Celle-ci ira de pair avec la pleine satisfaction du client.

Une organisation est parvenue à maturité si elle peut se passer du patron. J'ai déjà été invité à passer dix jours en Colombie et au Venezuela pour y présenter un séminaire de gestion et prospecter des clients industriels. Les participants au séminaire me demandèrent combien de fois je devrais appeler au bureau pour vérifier si tout allait bien. Je crois avoir terni mon image de patron auprès d'eux en répondant que je ne ferais aucun appel et que je trouverais au plus trois messages sur mon bureau à mon retour. Je m'étais quelque peu trompé : un seul message m'attendait. Tout le monde avait fait son travail habituel et avait tout réglé en mon absence, évidemment, très correctement.

11.6 IL ÉTAIT UNE FOIS...

En 1949, Benjamin Graham énonça que l'histoire d'une entreprise détermine son avenir. Ce dogme, longtemps accepté, ne correspond plus à la nouvelle donne économique. Au contraire, dans un monde en perpétuelle mutation, les méthodes qui ont assuré notre succès passé peuvent causer notre perte : c'est le paradoxe d'Icare[33].

Emprisonnés dans le labyrinthe par Minos, roi de Crête, Icare et son père Dédale s'échappèrent au moyen d'ailes de plumes fixées à leurs épaules avec de la cire. Icare s'éleva si près du soleil que la cire fondit. Perdant ses ailes, il fut précipité dans la mer.

Le défi de la PME n'est plus un défi de technologie ou de capital, mais plutôt un défi de management dans le but de positionner l'entreprise dans le groupe des rapides. Pour y parvenir, comme il n'y a pas de place mondiale pour tous, on ne peut compter y arriver par défaut, c'est-à-dire par l'inertie des perdants ou des lents.

Héraclite disait : « La seule chose qui ne change pas, c'est le changement. » Ce qui a cependant changé, c'est la vitesse à laquelle se produit le changement. Jadis, les meilleurs stratèges pouvaient oser des prédictions réalistes pour les 15 ou 20 années à venir. Maintenant, les horizons-temps des plus grands spécialistes se calculent pour quelques mois. La moitié des entreprises qui figurent dans le Top 500 du magazine *Fortune* y demeurent une seule année, comparativement à 10 ans entre 1960 et 1980.

Autre exemple, la plus vieille entreprise du monde, Berretta, a connu au moins six tournants majeurs dans son histoire. Quatre de ceux-ci ont eu lieu au cours des 40 dernières années. Auparavant, il a été important pour les gestionnaires d'organiser, mais maintenant ils doivent voir à se réorganiser constamment.

Il n'y a pas d'avenir pour ceux qui n'acceptent pas de changer. Un président-directeur général d'une entreprise jadis prospère mais en profonde difficulté me disait que chaque fois qu'il croyait voir la lumière au bout du tunnel, quelqu'un allongeait le tunnel. Après examen de sa situation, je lui ai expliqué qu'il était lui-même le coupable par son refus de changer son style de gestion. Il m'a répondu : « Je suis la haute direction et tes nouvelles méthodes vont créer du désordre ! » Il est tombé de haut et a déclaré faillite peu de temps après. *Ci-gît l'entreprise qui a disparu dans le bon ordre.*

12
À la recherche d'un joueur-entraîneur

Les bonnes idées sont celles que l'on concrétise de façon lucrative pour l'entreprise.

I ne suffit pas d'être un bon diable pour diriger une entreprise. « L'enfer est rempli de bons diables », disait un curé. Le contexte économique et industriel actuel, non seulement au Québec mais partout dans le monde, ne fait de cadeau à personne. Cela ressemble à s'y méprendre à un retour au capitalisme pur et dur. Toutefois, ce capitalisme s'inscrit dans une ère nouvelle, en ce sens où ce n'est plus la force de travail qui est en jeu, ni les moyens de production, mais bien plus la possession du Savoir et des nouvelles technologies.

La PME n'échappe pas à cette idéologie. Pour s'assurer une place au premier rang dans le Savoir économique, elle n'a d'autre choix que de développer tous les atouts nécessaires à sa réussite. Les grandes entreprises vont d'ailleurs poursuivre leurs cures d'amaigrissement, de sorte que la croissance et la création d'emplois dépendra principalement des PME.

Malheureusement, il arrive trop souvent qu'une PME, dotée pourtant d'un bon potentiel de développement, se

Ayant participé à une multitude de conseils d'administration, j'ai remarqué que le temps passé à discuter d'un point est inversement proportionnel à la somme d'argent en cause.

trouve en situation précaire. Entre alors en scène l'administrateur chevronné. Généraliste ou spécialiste, il a une connaissance approfondie de l'univers de la PME, de ses règles formelles et informelles ainsi que de son secteur d'activité.

L'administrateur est lui aussi un travailleur de l'entreprise, même s'il assume des responsabilités différentes. Il endosse le rôle de joueur-entraîneur. J'évite le terme *coach*, populaire de nos jours en gestion, parce que pour avoir moi-même été derrière le banc au hockey, je sais que le *coach* ne saute jamais sur la glace. Le joueur-entraîneur, lui, est au cœur de l'action et reçoit autant les claques sur la gueule que les tapes dans le dos.

Sa fonction de gestionnaire est une activité à temps partiel. Le reste du temps, il se confond avec les autres travailleurs de l'entreprise. À la période de questions d'une conférence donnée à des gestionnaires de carrière, on me demanda combien de temps je consacrais à la gestion. «Moins de 15 %, ai-je répondu. Le reste du temps, je travaille.» Personne n'a osé continuer sur ce sujet.

12.1 PORTRAIT

Suivant la philosophie de la Deuxième Vague, l'administrateur d'une entreprise, grande ou petite, s'occupait de gérer dans le sens le plus strict du terme. Il avait la responsabilité d'exploiter les capacités de ses travailleurs jusqu'à leurs limites (et même au-delà) dans le seul but de retirer un maximum de profits.

J'aime beaucoup la formule des auteurs de The Power of Open-Book Management[34]. *« Le réaliste fait appel à ce que nous sommes. Le leader joueur-coach fait appel à ce que nous désirons devenir. »*

Un tel mode de gestion n'est plus possible aujourd'hui, même si nombreux sont ceux qui s'entêtent à l'employer. Nous sommes passés à la Troisième Vague où la gestion va de pair avec la création et la personne. En termes clairs, l'administrateur, surtout celui de la

PME, se doit au départ de donner jour à des projets lucratifs pour assurer la continuité de l'entreprise. Il doit également diriger celle-ci de façon souple et non contraignante pour ses coéquipiers.

L'administrateur performant doit *a priori* bien faire la distinction entre les types de gestion de la PME et de la grande entreprise. Cette différence est fondamentale. La grande entreprise mise avant tout sur les profits, alors que la PME a le souci de générer des projets pour pouvoir gérer ensuite. Autre distinction : la grande entreprise a beaucoup de difficulté à vivre les crises de décroissance, tandis que la PME éprouve plutôt des problèmes à traverser les crises de croissance.

Le conseil d'administration de la PME est constitué de trois à cinq personnes tout au plus. La raison en est fort simple : la complémentarité des personnes et les consensus se réalisent mieux en petit nombre. Au demeurant, il est plus facile de marier les horaires pour organiser des rencontres rapides ou urgentes en traitant avec un groupe restreint d'individus.

Évidemment, on trouve de bons et de moins bons administrateurs dans les petites, moyennes et grandes organisations. On ne parle plus cependant de mauvais administrateurs car, dans ce cas, l'entreprise disparaît rapidement.

Pardonnez-moi si cette réflexion peut paraître sexiste mais, lorsque ça va très mal, et même lorsque ça va trop bien, les administrateurs de PME en arrivent souvent à deux options : se serrer les coudes ou s'arracher les couilles... S'ils choisissent la deuxième, ils deviennent impuissants à solutionner quoi que ce soit.

12.2 LA PERLE RARE

En plus de sa bonne connaissance de la PME, le bon administrateur jouit d'une saine réputation dans le monde des affaires, un atout majeur pour l'entreprise. Il s'appuie non seulement sur les contacts d'affaires qu'il a su tisser antérieurement, mais aussi sur les nouvelles relations qu'il se fait par le biais de son réseau de connaissances.

Ici, le leader se manifeste... Son intuition le trompe rarement et il sait flairer de loin les bonnes occasions qui aideront l'entreprise à aller de l'avant, tout en observant les règles de l'art. Tout bon administrateur est en effet intègre et respectueux des lois. Fin renard, il connaît également les règles formelles et informelles des affaires, les règles comptables et fiscales et les techniques de marketing.

Son intégrité l'oblige à jouer franc jeu avec ses collaborateurs. Pas de cachettes ni de mesquinerie ! Il partage avec les autres administrateurs l'information stratégique qui peut aider l'entreprise à réaliser un bon coup, information qu'il aura lui-même décelée ou que lui fournissent ses contacts d'affaires. Il se tient constamment à l'affût des nouvelles tendances, des nouveaux marchés, habile même à les prévoir pour foncer ensuite à plein régime.

Toutefois, ce n'est pas tout d'avoir des projets. Tout le monde en a ! Encore faut-il aller jusqu'au bout de ses idées et en assumer tous les risques.

Le joueur-entraîneur de talent fait mûrir ses idées avant de les mener à exécution, pèse le pour et le contre des engagements à prendre et est capable d'exclure de sa prise de décision toute considération allant à l'encontre des intérêts de l'entreprise. Dans les moments importants, il se montre rationnel dans ses actions et ses décisions. S'il ne l'est pas assez — ou s'il l'est trop — ses collaborateurs sont là pour assurer l'équilibre des deux rôles (*leader* et *manager*).

12.3 PLUS COCHON QUE LES COCHONS

Dans le passé, la prise de décision s'accomplissait avec un sentiment de sécurité parce que le marché et l'économie étaient pratiquement immobiles. Mais dans le contexte actuel du Savoir, l'obligation de décider s'effectue dans un tourbillon de variables mouvantes. Les risques se multiplient en même temps que s'accroît la probabilité d'erreurs.

J'ai personnellement commis ma première maladresse en affaires à l'âge de neuf ans. À la ferme, mon père castrait lui-même les petits cochons lorsqu'ils avaient cinq ou six semaines. La technique pour les tenir en place était la suivante : le porcelet sur le dos, la tête et une bonne partie du corps entre les jambes de mon père accroupi, et moi, je devais bien retenir les deux pattes de derrière.

Comme on pose souvent la question à un enfant de cet âge, mon père m'a demandé ce que je voulais faire plus tard. En toute naïveté, je lui ai répondu que j'allais faire des affaires. Mon père s'est levé brusquement pour me dire que les affaires, c'est plus cochon que les cochons.

Seul à retenir la petite bête fort vigoureuse, je l'ai laissée échapper. Nous avons eu bien du mal à la récupérer, tellement que le chien a dû s'en mêler pour la rattraper.

J'aurais dû enrichir mes acquis en demandant à mon père dans quelles circonstances il en était arrivé à cette conclusion. J'ai oublié sa mise en garde jusqu'au début de la vingtaine où, à mes premiers pas dans le métier, j'ai finalement compris que les affaires, comme d'autres aptitudes professionnelles, sont un mélange complexe d'inné et d'acquis.

12.4 SUR LA CORDE RAIDE

L'administrateur de la PME doit apprendre à jongler avec toutes les variables afin de pratiquer une saine gestion du risque, car une mauvaise décision d'affaires peut mener à un échec retentissant, voire à la disparition de l'entreprise. À la première grande erreur, l'entreprise dont j'étais président a frôlé la faillite. Un *burnout* de six mois m'a conduit à élaborer une philosophie en trois points :

1. J'ai le droit à l'erreur, à condition qu'elle ne soit pas trop grosse.

2. Je n'ai jamais le droit de faire deux fois la même erreur.

3. À la fin de chaque année financière, il faut que la somme de mes bons coups excède la somme des mauvais.

Puisqu'il ne m'est pas permis de répéter la même erreur, j'en suis heureusement rendu à un point où j'ai un mal fou à me trouver de nouvelles erreurs à faire.

Dans la Russie prérévolutionnaire, les ingénieurs qui avaient construit un pont devaient se tenir dessous au passage du premier train.

Un véritable administrateur admet ses erreurs et accepte d'en payer personnellement le prix. Mes relations avec des entreprises en incubation ou d'autres bien établies m'ont enseigné que la leçon reste — hélas! — lettre morte si le responsable ne paie pas pour les pots cassés.

Dans le même ordre d'idées, les succès doivent être récompensés, ne serait-ce que pour raffermir la conviction du joueur-entraîneur qu'il représente un maillon important dans l'entreprise. Mais... mieux vaut prévenir que guérir. Si l'on apprend de ses erreurs — et ç'a été mon cas —, il en coûte encore moins cher d'apprendre des erreurs des autres!

13
L'art de la négociation

La surabondance de biens et de services et l'accroissement de l'avantage du consommateur rendent la *négociation* de plus en plus cruciale pour les entreprises qui veulent conserver ou accroître leur part de marché. Toute opération marketing se traduit dans le concret par des activités de vente qui sont, en définitive, des négociations. En outre, le maillage entre partenaires, la création de projets ou les relations avec les fournisseurs ou les employés sont autant de situations où la notion de négociation est importante.

Une part grandissante des ressources de l'entreprise fonctionne en ligne directe avec les clients, ce qui signifie que ces employés *négocient* dans plusieurs contextes. Il est donc important de bien comprendre en quoi consiste l'art difficile de la négociation.

13.1 *GNÔTHI SEAUTON*

Les affaires, c'est la guerre, et avant de se lancer dans la bataille, mieux vaut estimer ses forces et ses faiblesses pour mesurer son adversaire. Le tableau à la page suivante est la somme de vingt ans de métier et d'observations de spécialistes dans le monde des affaires. Il offre en un coup d'œil un résumé des types de négociateurs et, indirectement, de l'attitude à prendre afin de conclure une entente.

Reconnaître ses forces et ses faiblesses
Au début de la Deuxième Guerre mondiale, la cavalerie polonaise se lança à bride abattue contre les tanks d'Hitler. La bataille fut courte et... décisive.

Non seulement est-il important d'arriver fin prêt pour négocier la meilleure entente, encore est-il très utile de reconnaître son interlocuteur. Essayez également de vous définir à travers ces portraits. *Gnôthi seauton*. « Connais-toi toi-même », aimait à répéter Socrate.

Dans toute négociation d'affaires comme dans la vie, nous sommes guidés par un code d'éthique dont nous ne dévions pratiquement jamais. Tel homme se félicitera d'avoir su rouler un industriel naïf ; tel autre, en instance de faillite, paiera ses dettes jusqu'au dernier sou. Être un bon juge de caractères commence par ne jamais juger les autres selon ses propres critères moraux ou professionnels[35].

LA SYNTHÈSE DES STYLES DE NÉGOCIATION

LE DICTATEUR	LE GUERRIER	LA SILHOUETTE
Ne respecte que ses ennemis	Qui m'aime me suive	La savonnette mouillée
Principaux atouts	Principaux atouts	Principaux atouts
Assurance	Ambition	Compétence
Décision	Charisme	Grand perfectionniste
Efficacité	Intelligence brillante	Infatigable
Défauts	Défauts	Défauts
Rigidité	Fourberie	Réclusion
Intimidation	Agressivité	Faux-fuyants
Obsédé par le pouvoir	Stress extrême	Réaction minimale
LE PROTECTEUR	**LE PACIFICATEUR**	**GAGNANT-GAGNANT**
L'ange aux pieds fourchus	L'ombre de son ombre	Le meilleur des mondes
Principaux atouts	Principaux atouts	Principaux atouts
Énergie	Harmonie	Objectivité
Attention	Disponibilité	Motivation
Grâce	Tolérance	Ouverture d'esprit
Défauts	Défauts	Défauts
Manipulation	Passivité	Idéalement, aucun
Dissimulation	Indécision	
Marchand de rêves	Refus de se compromettre	

Mis à part l'attitude « gagnant-gagnant » des deux côtés, seul le bon usage de ces connaissances permet de réussir une négociation. Un dictateur, par exemple, vise la victoire par K.-O. et ne respecte que les costauds comme lui. Il faut être prêt à jouer quitte ou double pour faire affaires avec lui. Je préfère m'abstenir dans ce cas ou, sinon, je fixe dès le départ des conditions très dures, comme d'obliger son entreprise à payer 90 % des travaux à l'avance. Le dictateur respectera notre entente s'il a vraiment besoin de nous ou s'en ira trouver une autre bonne poire ailleurs.

Le guerrier sera aussi fort utile pour faire avancer un dossier et conservera une attitude agréable tant qu'il ne rencontrera pas d'opposition à ses idées. En sachant où il s'arrêtera, nous avons déjà fait beaucoup de chemin avec un guerrier !

À l'inverse, une fonctionnaire appelée à travailler sur l'un de nos projets était du type pacificateur pur. Il était inutile de compter sur une personne si douce dans une situation conflictuelle, mais sa hantise de la confrontation nous a fait gagner bien des points au moment de fermer un dossier à notre avantage.

13.2 PLAN DE MATCH

Les grandes vedettes sportives jouent mentalement leur partie plusieurs heures avant d'entrer en jeu. Guy Lafleur avait coutume d'entrer très tôt au vestiaire pour réfléchir et se préparer psychologiquement à la partie qu'il s'apprêtait à jouer. Après quoi, le Démon blond sautait sur la glace et faisait damner ses adversaires. J'adopte la même technique de concentration avant d'entreprendre une négociation importante avec un client. Si je perds la partie, avant de tourner la page, j'évalue quelle serait la stratégie la plus efficace pour remporter le prochain match.

La négociation d'une vente ou d'une relation d'affaires comprend essentiellement deux parties : une phase intellectuelle et une partie physique. Dans la phase intellectuelle, on élabore sa stratégie, on voit habituellement grand. La relation cordiale (grand angle) permet d'amorcer l'opération marketing. Cette phase de mise en forme doit être suivie par une opération souvent très physique : le tordage de bras pour « fermer » la vente.

Si, pour la première partie, l'individu orienté vers les relations humaines est très habile pour amorcer la transaction, le même individu est souvent pris au dépourvu pour mener à terme la seconde phase, souvent très dure, voire incompatible avec un caractère trop souple. Une main de fer dans un gant de velours illustre parfaitement le style du négociateur « gagnant-gagnant », quoique cet alliage entre la douceur et l'autorité existe rarement à l'état naturel.

13.3 CHOC DE CULTURE

Au-delà de la fine psychologie des relations humaines, on nous enseignait jadis les « P » du marketing (Prix, Produit, Place et Promotion). Faire des affaires m'a rapidement appris cependant que, dans certains pays, le seul « P » pourvu d'une signification réelle était le pot-de-vin.

Question de culture sans doute, en vertu de quoi quiconque détient un pouvoir décisionnel trouve tout à fait normal de recevoir une certaine somme d'argent pour ses services. Et cette pratique ne se limite pas aux fonctionnaires sous-payés, mais est bien enracinée à tous les niveaux. À leurs yeux, c'est nous qui avons tort de ne pas les imiter.

Ce « P » fait partie des bémols que j'ai dû mettre à mes intentions de faire des affaires avec les pays en voie de développement. Tous ces gens que j'ai rencontrés qui manifestaient une volonté extraordinaire de contribuer à l'avancement technologique de leur pays par des transferts de technologies et de connaissances voyaient leurs efforts minés par des profiteurs pour qui chaque transaction recelait sa part d'enrichissement personnel !

Le système atteint des sommets d'absurdité. Ainsi, un appareil vendu 5 000 $ est assorti d'un processus d'achat au terme duquel l'appareil peut coûter jusqu'à 25 000 $! Il est courant pour les vendeurs de doubler, tripler ou décupler les prix en prévision des nombreux pots-de-vin qu'ils devront verser et des barrières administratives qu'ils devront franchir.

Le sous-développement a la vie dure. On m'a également souvent affirmé, à propos de tel ou tel produit : « Vous devez nous le donner, parce que votre pays est plus riche que le nôtre. » Dans d'autres cas, on me disait : « Donnez-nous la première livraison, il y en aura beaucoup d'autres. » Je me rappelle un homme astucieux dans mon enfance qui réclamait des échantillons de pois à soupe à des agriculteurs dans le but de les tester. Il en demandait tellement qu'il n'avait jamais besoin d'en acheter !

Les abus de pouvoir commis par de nombreux dirigeants expliquent en bonne partie ces mentalités. Lors de l'implantation d'un centre de transfert de technologie à Brasília, nos amis brésiliens me remettaient en devises américaines le solde du paiement. Ils étaient convaincus que je garderais cet argent pour ma nouvelle voiture ou ma maison. Et pourquoi pas ? Le président de l'époque, Fernando Color de Melo, était lui-même accusé d'avoir détourné des centaines de millions de dollars pour son usage personnel.

13.4 CHEVALIERS DE L'ENTREPRISE

Exploiter une entreprise représente beaucoup de travail. Le chevalier laisse faire le boulot par les entrepreneurs et élabore un savant stratagème pour bouffer l'entreprise lorsqu'elle est intéressante à croquer.

J'en ai connu un que je peux décrire ainsi : « Il était capable de tuer sa mère pour le seul plaisir d'aller au bal des orphelins. » En plus de s'approprier annuellement les résultats du travail de quelques entrepreneurs, il scrutait les banques d'information des agences de crédit pour détecter les veuves qui venaient d'hériter de sommes substantielles par droits de succession. Après avoir bien mémorisé le pedigree d'affaires du mari décédé, il allait proposer à la veuve de faire profiter le patrimoine de son plus grand ami d'enfance. Il lui devait bien ça ! Il s'appropriait ainsi quelques centaines de milliers de dollars par année pour mener la vie de luxe.

L'erreur à ne pas faire avec ces gens lors d'une négociation (qu'il vaut mieux ne pas mener) consiste à évaluer l'autre selon sa propre moralité. Des gestes impensables pour soi ne le sont malheureusement pas pour le chevalier de l'entreprise, jamais étranglé par le moindre scrupule.

Dans mes débuts en affaires, j'avais proposé à un client potentiel un prix élevé, sachant que je devrais sûrement le baisser. À ma grande surprise, il a immédiatement accepté. Je le trouvais même un peu niaiseux de payer si cher. Il m'a rapidement fait comprendre que le niaiseux, c'était moi. Comme il ne payait jamais, le prix n'avait aucune importance pour lui. J'ai compris alors que celui qui négocie le prix a probablement l'intention de payer.

Ces escrocs n'ont pas plus de respect pour leurs collaborateurs. Dans l'équipe de l'un de ces chevaliers, un associé s'est fait tuer à coups de pelle ; il fallait que l'attaquant soit animé d'un sang-froid hors du commun, car l'arme était une petite pelle en aluminium. Un autre associé s'est promené avec un poignard dans le dos. Lui a eu plus de chance parce que son attaquant, ne se rappelant probablement pas suffisamment ses cours d'anatomie, ne l'a pas frappé à un endroit stratégique.

Un autre chevalier dévastateur en entreprise, que j'aurais préféré ne pas connaître, changeait son nom pour répéter ses méfaits. Chaque fois, il choisissait un nom prédestiné : Lacharité, Ladouceur, Labonté, Latendresse, Lavertu...

14
Rencontres du troisième type

Tout le monde a dans sa vie un bureaucrate qui empoisonne son existence.

14.1 FIGURES DE STYLE

Voulant réduire leurs déficits, les pays industrialisés prennent la voie de la privatisation des services publics, provoquant du même coup des occasions d'affaires pour les entreprises. Cependant, la négociation avec le secteur public ou parapublic a un caractère tout à fait spécial. Comme elle se fait avec des fonctionnaires, il faut bien connaître ce « petit monde » particulier.

Le pouvoir n'appartient pas à ceux qui élaborent les grandes politiques de l'État. Le véritable pouvoir repose entre les mains de ceux qui administrent tous les jours des sommes de petites politiques, ceux qui ont la capacité de dire oui ou de dire non à un projet précis.

Paradoxalement, le fonctionnaire, surtout s'il n'est pas au sommet de la pyramide, est un être discrédité par le système. Il est tiraillé entre la peur d'être victime de nouvelles compressions budgétaires et le surcroît de travail que lui impose la disparition de ses collègues. C'est le syndrome du survivant. Dans la machine gouvernementale, il est semblable au patineur artistique limité aux figures imposées.

Pour réussir une négociation, il faut donc le valoriser et lui laisser le sentiment du pouvoir. Il faut respecter sa patinoire, l'applaudir et lui lancer des fleurs. Nos bonnes idées doivent devenir les siennes et à ses bonnes idées la probabilité est très forte qu'il réponde par le « oui » espéré.

14.2 SE MÉFIER DU DOSSIER PARFAIT

Faute de véritable pouvoir décisionnel, le fonctionnaire agit diligemment dans sa sphère d'influence. Le dossier déposé à son bureau est son terrain de chasse préféré. Vous croyez avoir fourni un dossier impeccable et bien étoffé ? Il vous prouvera le contraire ! Chaque modification exigée est une preuve de plus justifiant sa valeur et son travail. Vous ne pouvez pas réussir sans lui.

En fait, le dossier technique à l'appui de n'importe quel projet ou soumission ne pèse que pour le quart de la décision finale. Au lieu de s'échiner à pondre le prochain Nobel de littérature ou d'économie, le négociateur averti gardera deux as dans sa manche : une compréhension parfaite de son dossier et le maniement astucieux des techniques de négociation. Vous n'avancerez pas longtemps à contre-courant, alors laissez le fonctionnaire ramer pour vous !

14.3 LE RÔLE DU CASSE-PIEDS OU DU FAUTEUR DE TROUBLES

Quoi qu'on en dise, les fonctionnaires sont des gens normalement fort compétents et habiles à ne pas mettre de grains de sable dans la machine bien huilée de l'appareil gouvernemental. Ils sont rompus à toutes les formes de négociations, la plus efficace étant sans nul doute la *tactique du chloroforme* servant à écarter les dossiers épineux, à éviter les précédents et à saper le moral des plus persévérants. La méthode est d'autant plus redoutable qu'elle est appliquée par des gens pour qui le temps a, effectivement, suspendu son vol.

Placé devant un barrage de délais, de rencontres et de réexamens, l'entrepreneur qui veut s'assurer de l'aboutissement de son projet ou de sa vente n'a d'autre choix que de s'adjoindre un *casse-pieds* ou un *fauteur de troubles* pour bousculer les discussions et forcer une décision. Quitte à endosser vous-même ce rôle. Rappelez-vous toutefois que celui qui ferme le dossier peut rarement incarner ce personnage.

La bête tempête, grogne, menace ; l'ange conciliateur se range du côté du fonctionnaire et fait équipe avec lui pour arriver à la meilleure solution. Le fauteur de troubles portera le chapeau et le fonctionnaire, la couronne de lauriers.

14.4 PARTAGER L'ADMINISTRATIF DU POLITIQUE

Le roi Salomon, reconnu pour sa probité, eut un jour à résoudre un cruel dilemme. Deux mères se présentèrent devant lui, l'une portant un enfant mort et l'autre, un bébé bien vivant. La première accusait la seconde d'avoir volé son enfant, ce dont celle-ci se défendait farouchement. Qui croire ?

En bon gestionnaire, Salomon comprit qu'il avait affaire à deux pouvoirs distincts et opta pour le compromis : « Coupons le bébé vivant et partageons-le ! » La plaignante s'écria qu'elle préférait laisser l'enfant à sa rivale, ce en quoi le roi reconnut la véritable mère. Mais comment trancher entre le pouvoir administratif (fonction publique) et le pouvoir politique (élus du peuple) ?

Une règle d'or en affaires : ne jamais mettre tous ses œufs dans le même panier en consacrant plus de 15 % à 20 % de son volume d'affaires à un seul client, voire 10 % si le client en question est une société d'État.

David, père de Salomon, avait tué le géant Goliath d'une pierre en plein front. À défaut de pouvoir terrasser un ministère complet, l'entreprise peut tout au moins louvoyer et se faufiler entre les jambes du colosse.

14.5 DES LOUPS DANS LA BERGERIE

En affaires, l'acharnement est une qualité, l'entêtement est cependant un défaut. Si vous avez la malchance de tomber sur un bureaucrate qui perçoit son rôle comme le cimetière des projets, vous êtes cuit. Laissez tomber, la vente ne sera jamais conclue. Pour ce bureaucrate, il est facile de vous avoir à l'usure. Il peut même invoquer qu'il est le gardien de l'argent de l'État, ne tenant jamais compte du coût de son inertie.

« *Un dirigeant de ma connaissance est l'exemple classique de l'homme qui veut réunir, tout en semblant souhaiter l'échec. Tout ce qu'il fait transmet deux messages. Dès le moment où il se porte volontaire avec enthousiasme pour diriger un projet, il agit de façon à le paralyser — refusant de déléguer, sapant le travail des comités, ne respectant pas les délais et se bloquant sur les décisions critiques.* »
Richard Farson

Certains fonctionnaires vaillants et apparemment dynamiques mettent beaucoup d'efforts pour que les choses ne marchent pas. De tels êtres sont difficiles à saisir. Ils disent travailler pour arriver à une conclusion positive, mais toutes leurs actions conduisent inévitablement à l'échec. L'un d'entre eux, qui participait malheureusement à l'un de nos dossiers, se disait le plus parfait « faiseur » mais réussissait, grâce à un effort constant, à tout paralyser, et finalement rien ne marchait. À sa défense, il avait l'obligation de travailler dans le secteur de l'industrie et du commerce, mais n'avait aucune connaissance du monde industriel et encore moins du monde des affaires.

Au début des années 1980, l'arrivée en masse des femmes au service de l'État a donné un nouveau souffle de fraîcheur et d'efficacité à la fonction publique. Avec elles, les dossiers ne traînaient pas, les transactions se réalisaient ou échouaient très rapidement. Elles comprenaient les impératifs de l'économie rapide déjà à nos portes. On se débarrassait aisément du fonctionnaire à délais en le menaçant de transférer le dossier à une femme.

Maintenant, les femmes ont bien appris les règles de la machine étatique. Elles sont rentrées dans le rang et se sont parfaitement intégrées, au point qu'il n'existe plus aucune différence à traiter avec elles. L'efficacité, hélas, n'est plus une affaire de sexe.

14.6 SE DÉSIGNER COUPABLE

Il y a quelques années, nous exécutions un important contrat (tertiaire moteur) avec le gouvernement fédéral. Le réaménagement politique du secteur qui nous avait accordé le contrat avait décrété un changement important au cahier des charges. Erreur dans la machine bureaucratique, ils oublient de nous en informer.

Lorsque le nouveau responsable du contrat est venu nous visiter, ma collaboratrice Hélène a eu la désagréable surprise d'apprendre qu'ils annulaient le contrat parce que nous ne nous étions pas conformés aux changements. J'étais à ce moment occupé chez un autre client. Hélène a réussi à me joindre pour m'expliquer la mésaventure : « Il veut à tout prix que nous soyons coupables, mais c'est faux ! » « C'est bien simple, Hélène, ai-je répondu, tu n'as qu'à lui dire que c'est moi qui manque de discipline et fais en sorte qu'il accepte mon invitation à dîner. »

J'ai continué à m'accuser tout au long du repas. Voyant que j'acceptais de porter le blâme, le fonctionnaire a consenti avec empressement à nous laisser terminer le contrat. Hélène était très heureuse de poursuivre le travail mais peinée que je passe pour coupable alors que je ne l'étais pas. Je l'ai rassurée en lui disant que, pour le montant en cause, j'étais très content d'avoir donné au fonctionnaire ce qu'il était venu chercher. Après tout, il est heureux que ces gens qu'on méprise trop souvent trouvent du réconfort à mettre dans le rang des campagnards peu disciplinés. Pour tout dire, le fonctionnaire, très correct, a même ajouté de nouveaux petits contrats à notre mandat principal.

14.7 LES BONNES FÉES

Un petit groupe, qu'il vaut mieux ne pas dénoncer, est aussi efficace que dans le privé. Ces fonctionnaires préconisent les résultats et non le processus, comprenant fort bien que l'entreprise privée s'accommode difficilement des délais imposés et des politiques aléatoires du gouvernement. Ils m'ont déjà rendu de précieux services en m'informant à l'avance si l'un de nos dossiers allait recevoir une réponse positive ou négative, parfois même avant que nous ne commencions à rédiger! Mieux encore, ils n'hésitent pas non plus à nous indiquer des moyens pour contourner les règles établies.

Leur travail est d'autant plus admirable qu'ils sacrifient tout avancement au sein de la hiérarchie pour nous offrir une grande efficacité. Perçus par leurs collègues comme des traîtres à la cause et à la pureté du secteur public, ils demeurent en général bloqués dans leur avancement au sein de la structure hiérarchique de l'État.

Ces fonctionnaires choisissent d'entrer dans une relation «gagnant-gagnant» avec l'entreprise privée et doivent donc être protégés des représailles du système. Le journaliste protège son informateur, sachant à quel point les sources d'information stratégique sont précieuses. De même, il ne faut jamais faire en sorte que le fonctionnaire soit pris en défaut de vous tendre la main. Cette relation «donnant-donnant» repose sur la confiance, qu'il ne faut trahir à aucun prix. Vous en serez quitte parfois à blâmer votre propre maladresse lorsqu'on vous reprochera de vous écarter du cérémonial bureaucratique.

15
La sous-traitance en mutation

Au début des années 1990, les grandes entreprises ont vu leurs marges bénéficiaires diminuer de façon alarmante. Pour renouer avec la rentabilité, une majorité d'entre elles ont dû adopter la politique du « faire faire ». Elles ont donc fait appel à une sous-traitance qualifiée et performante pour l'exécution d'une partie de plus en plus importante de leurs activités de développement et de fabrication.

Cependant, pour obtenir une réponse précise à leurs besoins particuliers, elles doivent encore souvent s'approvisionner à l'extérieur du pays. En plus de faire profiter des entreprises étrangères d'une manne de contrats, l'absence de sous-traitants locaux et aptes à répondre à leurs demandes pose des problèmes de toute sorte (délais supplémentaires, relations d'affaires à distance souvent impersonnelles et autres). La proximité des fournisseurs représente un élément décisif dans le choix des industries, dans la mesure où ces fournisseurs, bien entendu, répondent à leurs critères d'efficacité et de qualité.

15.1 CHAT ÉCHAUDÉ CRAINT L'EAU FROIDE

De grandes entreprises, échaudées par certains fournisseurs non préparés, sont devenues plus prudentes et, surtout, beaucoup plus sélectives dans leurs associations d'affaires. Dans le marché très pointu de la sous-traitance, les PME doivent se montrer d'une efficacité à toute épreuve pour satisfaire la grande entreprise, dont les critères sont beaucoup plus stricts vis-à-vis de la compétitivité, de la qualité, des coûts et des délais de livraison «juste-à-temps».

Plus le fournisseur sera spécialisé, plus il se démarquera dans son domaine et attirera l'attention. Pour cette raison, les PME québécoises ne doivent pas lésiner sur le perfectionnement constant du personnel (programmes de qualification, formation) et la modernisation de leur équipement. Il s'agit là d'un investissement nécessaire et profitable.

Selon les tendances qui se dessinent, les grandes entreprises ne font plus de profits de l'intérieur. Comme elles ont évidemment toujours besoin de réaliser des bénéfices, elles se serviront de leurs réseaux de sous-traitants pour demeurer rentables.

15.2 LISTE NOIRE

Les grandes organisations réclament d'abord prix et qualité face aux produits que leur offrent les fournisseurs. Le contrôle des coûts est en effet l'élément déterminant pour les grandes entreprises, même si celles-ci prétendent le contraire. La qualité, elle, vient ensuite, mais demeure tout aussi importante. (Consulter à cet effet le graphique publié par *Focus* au chapitre suivant.)

L'objectif ultime des donneurs d'ordres est l'obtention du maximum au prix minimum. Ils veulent un produit de qualité, mais à un prix compétitif. Très compétitif! Si le sous-traitant ne peut répondre à ce critère dans un délai relativement court, il sera éliminé et son nom apparaîtra sur la liste noire du donneur d'ordres. Il ne faut pas se le cacher: une liste d'indésirables se trouve dans les tiroirs de toute entreprise, grande ou petite, mais aussi dans la tête des acheteurs.

15.3 RAPPORTS DE FORCE

Plusieurs PME ont déjà tenté d'apprivoiser le marché de la sous-traitance, mais beaucoup d'entre elles ont été déçues de leur expérience. Une relation médiocre entre donneur d'ordres et fournisseur en était souvent la cause, le premier exploitant le second tant financièrement qu'intellectuellement. Dans l'ancienne méthode, les règles conventionnelles d'affaires préconisaient une relation de pouvoir et d'affrontement *dominant/dominé* où le fournisseur était écrasé sous le poids des contraintes et de l'agressivité du donneur d'ordres.

Il n'est certainement pas avantageux pour le donneur d'ordres d'entraîner la faillite d'un sous-traitant, parce qu'il se voit ainsi contraint à trouver un autre fournisseur et à recommencer à zéro. De plus, tout changement engendre des délais dans la livraison « juste-à-temps » d'éléments nécessaires à la réalisation du produit.

Il y a gros à parier cependant que le même cercle vicieux se répétera avec un autre sous-traitant si la grande entreprise ne met pas les efforts nécessaires pour améliorer ses associations d'affaires. Néanmoins, la critique est aisée, et l'art est difficile, surtout lorsque l'organisation a adopté un tel mode de conduite depuis des années. On ne change pas une personne en une journée, encore moins une entreprise !

15.4 D'ÉGAL À ÉGAL

Aujourd'hui, les dirigeants des grandes entreprises, tout comme ceux des PME, doivent comprendre qu'il vaut mieux favoriser une relation de partenariat pour garder l'organisation dans le peloton de tête. La nouvelle méthode préconise une association non seulement entre le donneur d'ordres et ses fournisseurs, mais aussi entre les fournisseurs eux-mêmes, qui deviennent des collaborateurs dans ce qui s'apparente à une coentreprise.

En fait, pour que l'aventure vaille la peine d'être tentée, il faut développer une situation avantageuse pour les deux parties. Cela signifie un partenariat réel et amical fondé sur la franchise, la compréhension, la collaboration et l'harmonie pour qu'il n'y ait pas de perdants, mais seulement des gagnants.

Le tableau ci-dessous indique clairement les bases fondamentales des principes et des règles de la sous-traitance entre donneur d'ordres et fournisseur. Le premier veut un fournisseur dont les produits sont de calibre international, alors que le second désire justement acquérir une compétitivité internationale pour s'assurer de répondre adéquatement aux demandes du donneur d'ordres. En fait, les objectifs de l'un servent les ambitions de l'autre. Ce que le donneur d'ordres exige, le fournisseur doit l'exiger aussi envers lui-même pour rester concurrentiel.

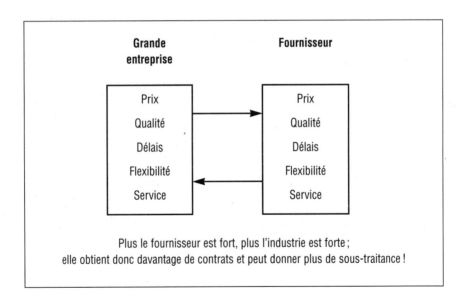

Grande entreprise	Fournisseur
Prix	Prix
Qualité	Qualité
Délais	Délais
Flexibilité	Flexibilité
Service	Service

Plus le fournisseur est fort, plus l'industrie est forte ;
elle obtient donc davantage de contrats et peut donner plus de sous-traitance !

15.4.1 Prix

Vos produits et services afficheront le prix le plus concurrentiel... tout en étant de qualité supérieure. Un donneur d'ordres ira voir ailleurs si vous ne battez pas les prix des autres fournisseurs.

L'équation est fort simple : la grande entreprise réclame le prix le plus bas pour assurer en retour le meilleur prix à ses consommateurs.

15.4.2 Qualité

Un produit qui n'allie pas prix et qualité sera ignoré par la grande entreprise. Vos produits doivent être de grande qualité, de haute technicité et conçus avec les meilleurs procédés de production si vous voulez vous imposer.

15.4.3 Délais

Critère fondamental pour les grandes entreprises, le « juste-à-temps » fait partie intégrante d'une bonne gestion de la qualité. Pour les donneurs d'ordres, cela signifie un stock zéro leur permettant de réduire leurs coûts de production, d'où l'importance de respecter à la lettre les délais que vous donnez au client.

15.4.4 Flexibilité

La flexibilité sous-entend la capacité de pouvoir effectuer promptement, à la demande du donneur d'ordres, des changements dans un laps de temps rapide. Votre entreprise, votre équipement et votre personnel doivent être capables d'encaisser un revirement de situation sans que cela nuise en rien à la qualité. Sinon, vous risquez d'être éliminé de façon expéditive.

15.4.5 Service

Les donneurs d'ordres exigent un service rapide et efficace. En fait, ils veulent toujours plus, toujours plus vite. Assurez-vous de donner satisfaction au client en ce sens pour éviter d'être mis à l'écart. Rappelez-vous que, aujourd'hui, ce ne sont plus les plus gros qui mangent les petits, mais les plus rapides qui dévorent les plus lents. Malgré tout, un bon sous-traitant ne se laisse pas obligatoirement manger la laine sur le dos ! Il se présente plutôt comme une entreprise responsable, performante et efficace, donnant un service rapide, de qualité et de calibre international.

15.5 EN TOUTE FRANCHISE

Si vous respectez ces cinq exigences, vous serez assuré d'être dans le peloton de tête et de faire partie du marché de la sous-traitance. Cependant, ne vous embarquez jamais dans une relation d'affaires abusive ou un contrat pouvant mener à votre perte. Vous vous en mordrez les doigts plus tard.

Dans les affaires, comme partout ailleurs, il faut être capable de dire non, quitte à perdre un contrat qui, de toute façon, sera une mésaventure. Souvenez-vous qu'il ne faut jamais être totalement dépendant de l'autre, sous aucune considération. Par ailleurs, cela vous évitera bien des affrontements désagréables avec le donneur d'ordres.

Au-delà du contrat d'affaires, on ne le dira jamais assez, la relation doit être de bonne foi et basée sur la confiance mutuelle. Les approches trop légalistes ne sont jamais profitables. On n'a jamais vu un avocat faire voler un avion ! Le labyrinthe judiciaire est parfois sans issue et entraîne des pertes de temps et d'argent considérables pour toute entreprise qui s'y aventure. Mettre les choses au clair dès le départ, sans ambiguïté, telle est la clé du succès dans l'univers entrepreneurial actuel.

15.6 AUTRES RÈGLES USUELLES D'AFFAIRES

À ces cinq éléments fondamentaux s'ajoutent d'autres principes d'affaires essentiels :

- Solvabilité, capitalisation suffisante
- Durabilité de l'entreprise
- Antécédents et équipe technique
- Diversification des approvisionnements
- Garanties

- Qualité des ressources humaines, capacité de retenir du personnel motivé et compétent

- Excellente équipe de soutien

- Participation et perfectionnement du personnel

- Diversification des marchés (jamais plus de 15 % à 20 % de contrats provenant du même client afin d'éviter un état de dépendance)

- Connaissance actualisée du marché international et fortes capacités de commercialisation

- Connaissance des règles de crédit

15.7 COMPÉTENCES PARTICULIÈRES

Dans le même esprit, une étude effectuée en 1993 sur le marché secondaire de l'automobile au Canada[36] demandait aux fabricants et aux fournisseurs quelles compétences particulières caractérisaient le plus leur entreprise :

- une qualité de service exceptionnelle, y compris un engagement total face au service à la clientèle (marketing auprès d'un marché cible, flexibilité dans la production, information sur les produits, connaissance du client) ;

- la qualité et la fiabilité des produits (qualification selon les normes ISO 9000) ;

- l'innovation sur le plan des produits et des méthodes de production (amélioration continue, investissements dans l'équipement, nouveaux matériaux) ;

- l'esprit d'entreprise (amélioration constante des produits, initiative).

La lenteur des entreprises à investir dans la technologie les mettra rapidement à l'écart. Le progrès en ce domaine n'est plus une condition à la compétitivité internationale : c'est un ultimatum. Le Conseil du patronat du Québec abondait dans le même sens dans son bulletin de mai 1997 : « Ainsi, entre 1986 et 1995, les entreprises qui ont fortement intégré ces nouvelles technologies [de l'information] ont créé 850 000 emplois au Canada alors que les entreprises récalcitrantes en ont perdu 146 000[37]. »

Paradoxalement, plus le produit est bas de gamme, plus le procédé de production doit être automatisé afin de réduire les coûts de main-d'œuvre. Le haut de gamme peut, dans certains cas, se satisfaire de procédés moins perfectionnés, puisqu'il n'est pas destiné à la production de masse.

15.8 CHAMP DE BATAILLE

Quoique inévitable dans le contexte mondial, la disparition des emplois de la Deuxième Vague soulève de nombreux conflits sur le terrain. Les employés d'usines manifestent haut et fort leur mécontentement devant la diminution des emplois industriels bien payés et assortis de divers avantages, lesquels ayant souvent été arrachés de haute lutte aux grands patrons.

Les constructeurs automobiles se sont heurtés à une forte résistance des syndicats à ce sujet, tout comme les dirigeants des mines INCO à Sudbury tout récemment encore. Les syndicats ont remporté dans les deux cas la promesse de limiter la sous-traitance, mais ce n'est que partie remise. Cette victoire est un simple ajournement des discussions.

La guerre de la sous-traitance est engagée pour de bon. Quelques batailles sont remportées ici et là pour préserver des acquis, mais l'issue finale ne laisse pas plus de doute que le caractère inéluctable de la Troisième Vague. Les grands éléments de mutation transparaissent dans les confrontations qui éclatent et qui annoncent l'aube d'un nouveau partenariat. La génération qui abordera cette nouvelle ère aura su trouver l'équilibre dans la négociation entre la grande industrie et la PME : le SAVOIR.

QUATRIÈME PARTIE

INCIDENCES

16
La protection de son savoir-faire

Notre premier transfert de technologie a été bien involontaire : nous tentions de trouver un distributeur aux États-Unis pour l'un de nos produits à fibre optique. Pour ce faire, nous avons déposé un prototype pour évaluation du marché. Devant le retard de l'entreprise à nous fournir une expertise claire, j'ai mené une petite enquête pour découvrir que cette entreprise proposait une version dite améliorée de notre produit à un prix inférieur au nôtre. Nous avons vite compris que l'entreprise avait copié notre création !

Mal lui en prit, car nous étions à préparer une amélioration et nous avons occupé le marché américain pendant dix ans grâce à un meilleur rapport qualité/prix et à une stratégie de marketing plus dynamique.

Nous avons appris de cette première erreur. Par la suite, sur une période de 15 ans, nous avons participé à l'évolution et au transfert de technologie de produits vendus dans plus de 100 pays.

Au début du XIIIe siècle, les Européens réussirent un transfert de technologie en perçant le secret des Chinois pour la fabrication de porcelaine de haute qualité.

16.1 UNE POULE AUX ŒUFS D'OR ?

L'entreprise du Savoir a comme richesse l'intelligence de ses employés, leurs connaissances actualisées des technologies, un savoir-faire propre, des innovations et des inventions qui la démarquent des compétiteurs. Comment garder un avantage aussi fluide ? On peut protéger son savoir-faire par les brevets qui, au Canada, sont contrôlés par l'Office de la propriété intellectuelle. Cette méthode est-elle encore appropriée ?

L'Office de la propriété intellectuelle reçoit environ 25 000 demandes de brevet par année. L'attribution définitive d'un brevet prend en moyenne plus de trois ans. Dans le cas de poursuites pour non-respect du brevet, un inventeur peut aisément mettre plus de cinq ans à sortir des dédales du système judiciaire.

Vers 1880, le directeur de l'Office des brevets de Washington a donné sa démission parce qu'il estimait que, tout ayant été inventé, sa tâche était terminée. Curieusement, son geste serait justifié à notre époque, non par manque d'innovations, mais parce que le brevet ne sera plus le moyen adéquat pour protéger l'innovation.

Ces délais dépassent largement la durée de vie de la plupart des produits à passage météorite de la nouvelle économie. Et comme nous dépendons davantage de nos innovations à venir que de nos innovations passées, il n'est pas possible de breveter maintenant ce que nous découvrirons dans l'avenir. Moins d'un brevet sur mille est utile à son détenteur et dans beaucoup de cas, malheureusement, j'ai pu constater que la probabilité de s'enrichir avec un brevet est sensiblement égale à la probabilité de gagner à la loterie.

16.2 BEAUCOUP D'APPELÉS, PEU D'ÉLUS

La plupart des inventeurs, encore plus les patenteux, vivent et meurent pauvres. Ces dernières années, un grand nombre d'inventeurs ont frappé à notre porte. Souvent détenteurs d'un brevet, ils n'ont pas le sou pour terminer le produit, encore moins pour le commercialiser. Encore plus insultant, ils n'auront jamais l'honneur d'être copiés.

Quelques-uns comprennent qu'à moins d'être très fortuné, on ne peut pas utiliser une méthode coûteuse pour protéger une bonne idée. On dit souvent que le brevet vaut l'argent qu'on est prêt à débourser pour le défendre.

Les produits dont le temps d'élaboration et la durée de vie sont longs s'accommodent encore bien du processus des brevets, par exemple les nouveaux médicaments. Entre l'idée et le marché, il s'écoule 12 ans en moyenne. La durée de vie du produit s'approchera forcément de la période de validité du brevet.

16.3 UN ÉCRAN DE FUMÉE

En supposant qu'il soit possible d'être la seule personne sur terre à avoir trouvé une bonne idée, la meilleure façon de ne jamais se la faire voler consiste bien entendu à ne jamais en parler. Vous serez également assuré de ne jamais rien vendre...

Par expérience, je sais que les recherches classées *Top Secret* sont en grande partie menées dans les laboratoires publics, parapublics ou gouvernementaux. J'ai maintes fois remarqué que l'extrême confidentialité qui entoure ces projets sert non pas à protéger ce qui a été fait, mais bien à cacher ce qui n'a pas été fait.

Dans un laboratoire de recherche, l'activité fondamentale du directeur est la recherche du fric. J'ai déjà rencontré le directeur d'un laboratoire universitaire qui m'avouait être en panne de fric, mais qui disait posséder 38 brevets fermes. Comme nous avions de l'expérience dans le transfert d'une innovation de laboratoire au marché, je lui ai proposé d'acheter quelques-uns de ses brevets. Je n'arrivais pas à m'expliquer sa grande réticence à me montrer le contenu de ceux-ci, jusqu'à ce qu'il admette qu'il était superflu que je les regarde : pas un de ces brevets n'avait de valeur commerciale.

Je lui ai alors fait remarquer que, s'il n'avait pas pris tous ces brevets, il aurait probablement évité la panne de fric. C'est à ce moment qu'il m'a affirmé que, dans son milieu, il fallait soit publier, soit breveter, car lorsqu'il prononçait des conférences, surtout sur le plan international, ces 38 brevets contribuaient pour beaucoup au prestige de son laboratoire.

16.4 LE NERF DE LA GUERRE

Si le mécanisme des brevets a été valable dans une économie lente, il l'est beaucoup moins dans une économie rapide. Par exemple, selon une enquête menée par *Focus*[38] en juillet 1995, l'industrie automobile, qui représente plus de 100 milliards de dollars par année en Amérique du Nord, est caractérisée par les critères du tableau ci-dessous. (J'y ai laissé l'avis des fabricants et celui des fournisseurs, intéressants dans leurs divergences.)

Les produits à succès : variations sur un même thème

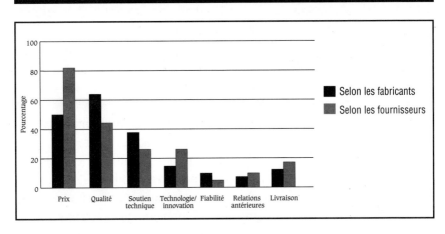

Au Québec seulement, les équipements de transport terrestre constituent un marché de huit milliards de dollars, dont une part de 85 % est destinée à l'exportation. Cette industrie se comporte comme l'industrie électronique et électromécanique : la première contrainte est le prix ; la deuxième, la qualité. L'innovation technologique qui pourrait être protégée par un brevet arrive seulement au quatrième rang. Il faudrait plutôt faire breveter *l'efficacité*, mais on nous répondra avec raison que ce n'est pas nous qui l'avons inventée.

La durée de vie de l'innovation étant très courte, il faut également tenter de la rentabiliser dans de très courts délais. Il vaut mieux prendre rapidement un marché grâce à un excellent rapport qualité/prix. Cette tactique nous permettra de garder une longueur d'avance sur les compétiteurs qui tentent de copier ou qui choisissent la voie des brevets, mais qui sont lents à pénétrer le marché.

À quoi sert-il de se munir d'un brevet sans d'abord être tout à fait certain de satisfaire les trois premiers critères : prix, qualité et soutien technique ?

16.5 POUR LE MEILLEUR ET POUR LE PIRE

Les démarches juridiques de la défense d'un brevet sont non seulement longues, mais aussi souvent coûteuses. L'inventeur des essuie-glaces intermittents en sait quelque chose. Avec l'aide d'avocats chevronnés, il a gagné des poursuites contre les fabricants fautifs et récupéré la jolie somme de 32 millions de dollars US. L'inventeur n'a cependant jamais profité de ses victoires, puisque les frais juridiques lui ont coûté la modique somme de 32 millions US.

L'entreprise éveillée aux affaires prend d'abord un minimum de mesures pour protéger l'information stratégique :

- **Clauses de non-divulgation**
  Certains contrats reposent sur la plus stricte confidentialité. Nous ne mentionnerons pas que nous travaillons pour le client, que nous réalisons tel projet, voire que nous savons qu'il existe.

- **Documents de confidentialité**
  Ils définissent tout ce qui fait partie du secret professionnel et industriel.

- **Clauses de non-concurrence**
  Elles peuvent porter sur les personnes (un employé s'engagera à ne pas travailler pour un concurrent après avoir quitté l'entreprise) ou sur les produits (nous ne ferons pas concurrence à un partenaire avec les mêmes produits pendant une période donnée).

- **Clauses de rappel**
  Une entente de distribution peut être interrompue en cas de défaut de paiement, de fausses déclarations, d'objectifs de vente non atteints, etc.

- **Vente à lien (vous verrez l'exemple de l'entrepreneur-électricien plus loin)**

- **Clauses pour l'amélioration du produit**
  Il est important de préciser si le contrat comprend les mises à jour (*upgrades*) du produit.

- **Règles du crédit**
  Exigerez-vous un paiement net dans les 30 jours ou dans les 90 jours ? Quelle sera la marge de crédit maximum accordée au client ?

D'autres points se passent d'explications : accès limité aux installations et à l'information, sécurité des systèmes informatiques, etc.

Ces précautions concernent les employés ou les clients. Dans le cas d'innovations technologiques, il ne faut jamais concéder le droit de propriété, mais plutôt le droit d'utilisation qui sera limité en territoire et en durée. Ce droit cesse immédiatement en cas de défaut de paiement ou de non-respect de l'une des clauses du contrat.

Un bon contrat fixe les règles du mariage et les modalités du divorce. Il vaut mieux également se fréquenter avant de se marier, pour éviter de divorcer plus tard ou de cohabiter bon gré mal gré jusqu'à ce que la mort nous sépare. Et finalement, mieux vaut un bon divorce qu'un mauvais mariage !

16.6 MAÎTRES DU JEU

Le transfert de son savoir ou la vente d'un produit exige que l'on considère les paramètres usuels des relations d'affaires : les antécédents de l'autre entreprise, sa solvabilité, l'intégrité de ses gestionnaires, la culture de l'organisation et du pays. Par exemple, plusieurs entrepreneurs inexpérimentés ont appris à leurs dépens de ceux qui nous appellent « les petits cousins » qu'il est préférable de ne pas faire affaire avec la parenté de la mère patrie.

Pour une fabrication sous licence, il est bien important de ne pas céder le droit de propriété, mais seulement un droit d'utilisation qui a une durée fixe et peut être unilatéralement retiré en cas de défaut, d'insolvabilité, de proposition concordataire ou de faillite. Dans le cas d'un transfert de technologie avec redevances, si vous n'êtes pas tout

Selon la Business Software Alliance, *le piratage de logiciels représentait en 1996 des pertes de 15 milliards de dollars canadiens. Le Viêt-nam arrive en tête avec un taux de piratage de 99 %, talonné de près par la Bulgarie (98 %), l'Indonésie (97 %), la Chine (96 %), le Salvador (92 %) et la Russie (91 %), pour n'en nommer que quelques-uns. Parmi les pays occidentaux, le Canada affiche 42 % de fraude, ce qui n'est guère mieux que la France avec 44 %. Les États-Unis se démarquent par le plus faible taux de piratage dans le monde à 27 %, mais aussi par les pertes les plus élevées, soit un peu plus de 3 milliards de dollars canadiens.*

à fait certain de l'entreprise réceptrice, il vaut mieux ne pas transférer un module crucial au fonctionnement du produit, ce qui constitue une excellente façon de contrôler le nombre de systèmes vendus et de garder une arme de négociation en cas de problèmes.

Cette recommandation est valable pour une foule de situations, comme dans le cas d'un entrepreneur-électricien que j'ai croisé un jour au palais de justice. Il devait perdre une autre journée de travail pour une installation non payée, mais j'ai été heureux de lui rédiger un contrat d'une page pour l'aider à démasquer à l'avenir les mauvais payeurs. Ce contrat comprenait une clause fort simple : l'électricien demeurait propriétaire de toute l'installation électrique avec droit de récupération de la boîte de dérivation, sans opposition, jusqu'au paiement final, de quoi faire réfléchir les adeptes des chèques sans provision.

Cependant, dans la majorité des cas, la meilleure façon de sortir gagnant de cette course effrénée s'écarte d'une approche strictement légaliste. En marge du contrat, l'entreprise doit d'abord présenter le meilleur rapport qualité/coût, selon le nouvel impératif de l'économie rapide et mondialisée.

16.7 HOCKEY ET BAS-CULOTTES

L'une de mes inventions a été très médiatisée par la télévision : le système de rétention des filets de hockey par champ magnétique variable. La Ligue nationale de hockey se sert toujours de l'une des autres variantes que j'avais proposées. La somme récupérée de mon activité inventive, dans toute ma vie, a été de 50 $ car, à l'époque, tout intervenant à la *Soirée du hockey* recevait automatiquement… 50 $. J'ai cependant bien appris, dès le départ, qu'il était bien plus important d'être inventif en affaires qu'en technologie pour gagner sa vie !

D'après mon expérience, une entreprise qui invente un nouveau produit dessert environ 10 % du marché après quelques années, tel le cas de cette petite entreprise méconnue qui a inventé les boissons diététiques. Flairant le créneau lucratif, Coke et Pepsi ont pris le train en marche et fait fortune avec cette idée. L'une de nos fiertés québécoises, la motoneige de Bombardier, fait heureusement mentir ce pourcentage. Par de vigoureux coups d'accélérateur, sa part de marché en 1996 atteignait 27 % en Amérique du Nord et près de 50 % en Europe.

Les Britanniques ont inventé la moto. Leur part de marché est nulle aujourd'hui. Le bas-culotte a été inventé dans... le Bas-Saint-Laurent ; nous nous sommes fait déculotter nous aussi, prouvant une fois de plus qu'il faut d'abord être éveillé pour réussir.

L'innovation comporte un risque comme toute relation d'affaires. Celui qui veut marcher sur un tapis de certitudes restera immobile. Dans une économie rapide, il n'existe pas de meilleure façon de protéger ses innovations que d'en produire de nouvelles, plus performantes, qui rendent obsolètes celles qu'on est peut-être en train de nous subtiliser.

17
Entreprise, quand tu nous bouffes

ompétitivité, *superproductivité, excellence, zéro défaut, qualité totale, réingénierie* sont autant de dogmes de l'entreprise contemporaine. L'organisation que nous avons créée ou pour laquelle nous travaillons devrait assurer notre bien-être, notre valorisation, notre épanouissement. Cependant, l'accent mis avec exagération sur la performance fait de nous les esclaves de l'entreprise qui devait nous servir.

17.1 KAROCHI

La mort brutale du travailleur chez les champions dogmatiques, les Japonais, est devenue tellement réelle qu'un nouveau mot est né : *karochi*, la mort par excès de travail, représentant 10 % de tous les décès. Où mène cette quête de la superperformance si l'on provoque l'épuisement mental et physique des travailleurs ? On engendre ainsi une autre génération de décrocheurs qui avaient oublié la valeur de l'équilibre de vie et de la santé intégrale.

L'économie de marché s'est imposée en maître absolu à un point tel que l'organisation et ses impératifs de performance ont pris une place démesurée dans notre vie. Nous avons fait de la réussite professionnelle une exigence non seulement économique mais morale. Le prix en est élevé : nous avons sacrifié famille, loisirs et autres jouissances de la vie à la réussite de l'entreprise et à notre carrière.

La société capitaliste nous a fait comprendre que nous rations notre vie si nous ne nous classions pas parmi les superperformants. La course au succès a fait oublier que le travailleur continuait à vivre dans un environnement social et humain. Dans cette spirale, le travailleur n'a pas à envier le propriétaire de l'entreprise. Lui aussi est atteint du même mal, un mal qui, en plus de ne pas le rendre heureux, ne le bouffera que plus vite. Le patron peut travailler à mourir pour finalement faire mourir son entreprise.

17.2 QUESTIONS EXISTENTIELLES

L'individu voué corps et âme à son entreprise et à sa carrière a perdu son individualité et vient à se poser la question : où tout cela mène-t-il ? La réponse reflétera peut-être le désenchantement face aux fruits de notre propre réussite. À quoi servent les profits si on n'en profite pas ?

La *bureaumanie* ou la *boulotmanie* sont de nouvelles maladies professionnelles nées du fait qu'au-delà de la performance et de l'excellence, on a forcé le travailleur au sacrifice et à l'abnégation. L'humain est devenu de la « chair à profits », profits qui sont de plus en plus grands et même exagérés dans plusieurs secteurs économiques.

Au début du siècle, en faisant le procès du taylorisme, un juge demandait à Taylor s'il fallait augmenter la productivité jusqu'à ce que la personne perde son emploi. En 1970, les pays de l'OCDE comptaient 15 millions de chômeurs ; on en dénombre 36 millions aujourd'hui. En tout, un milliard de gens sont sans travail, estime l'Organisation internationale du travail dans son étude *L'emploi dans le monde 1996-1997*.

À quoi rime cette supercompétitivité, cette supercapacité de production si nous perdons des consommateurs ? La réduction de l'univers à l'entreprise a forcé les humains à se mettre au service des organisations alors que ce devait être le contraire. Quand on gagne une course de chiens, on a beau avoir gagné, on reste toujours un chien !

La persistance dans nos excès conduit également à la destruction du système capitaliste que nous voulons si redoutablement efficace. L'obsession de la performance mène à la marginalisation d'une forte proportion de nos concitoyens. Ce sont autant d'exclus qui, selon les mots d'Adolfo Pérez Esquivel, prix Nobel de 1980, « n'assisteront pas indéfiniment bras croisés et tête baissée au festin des riches ». Dans l'absurdité des organisations humaines, pourra-t-on brandir encore longtemps une table qui ne contient qu'une loi, la loi du marché ?

17.3 À BOUT DE SOUFFLE

Aristote n'était pas abonné au *Wall Street Journal.* Il a pourtant énoncé un jour le principe suivant : « La pensée exige des loisirs. » Si vous n'avez pas de loisirs, vous ne pensez certainement pas beaucoup. Combien de gestionnaires confondent 80 heures de travail par semaine avec un sentiment d'efficacité et la conviction d'être indispensables ? À vouloir trop faire de profits, on prépare souvent sa perte.

Source de stress et de désillusion, le mythe du Super Patron doit tomber. Le PDG qui sait tout et qui s'occupe de tout est une espèce en voie de disparition. On ne peut pas tout faire seul, ni surtout tout faire très bien. De là l'importance de s'entourer de collaborateurs d'excellence et de se doter d'un mode de gestion informelle où les collaborateurs compensent naturellement les insuffisances du dirigeant.

Ce dernier porte néanmoins sur ses épaules la responsabilité supplémentaire de faciliter la performance de ses collaborateurs. Et même dans le meilleur des mondes, les négociations et les relations de travail se maintiennent rarement au beau fixe. Les plus endurcis ne peuvent eux-mêmes éviter de subir une pression exagérée par moments. Ayant participé au développement de plusieurs entreprises, je suis heureux de ne pas avoir connu à l'avance tous les problèmes qui m'attendaient, sans quoi ces entreprises n'existeraient pas aujourd'hui.

17.4 AVANT QUE LA MARMITE NE SAUTE

L'entreprise humaine s'adapte pour redonner à la personne sa place au sein des processus. Le meilleur exemple provient à mes yeux d'une nouvelle tendance qui se démarque avec la naissance de *clubs de présidents d'entreprises*. Ces clubs, moins formels que les conseils d'administration, suscitent plutôt des rencontres mi-amicales mi-professionnelles entre gestionnaires, PME et industries confondues.

Nouveau partenariat fondé sur la confiance mutuelle, là se partagent les informations stratégiques du marché, mais aussi les problèmes vécus dans l'entreprise. Pour plusieurs dirigeants, ces rencontres sont importantes, puisqu'elles leur permettent de discuter avec d'autres de problèmes semblables aux leurs et d'échanger leurs points de vue sur des solutions viables. Il n'est pas rare que quelqu'un fasse part à deux ou trois autres membres du club de ses difficultés les plus lourdes ou de ses problèmes les plus épineux, ce qui suppose un climat de pleine confiance. Dans la majorité des cas, ces problèmes ne sont pas technologiques ni financiers mais humains.

La popularité grandissante des *intranets*, ces réseaux privés virtuels, témoigne de la vitalité de cette formule. Un *intranet* peut ressembler au Technocafé fondé par la compagnie de capital de risque Technocap, où les affiliés disposent d'un lieu de rencontre privilégié dans Internet pour échanger leurs connaissances, résoudre des problèmes précis, participer à des forums spécialisés, etc. Grâce à ce nouvel outil, les affiliés sont ainsi branchés sur des solutions à des problèmes autrement vécus dans l'isolement.

17.5 GRANDEUR NATURE

Diverses philosophies commencent à filtrer de ce concept. À un premier stade, les dirigeants d'entreprises qui participent aux *clubs des présidents* font en sorte que l'entreprise devienne plus humaine face aux écarts récents permis par la technologie.

Par exemple, bon nombre d'entre eux ont déjà renoncé aux boîtes vocales afin que le client s'adresse à une « vraie personne ». Digital Equipment a ainsi renoncé à son coûteux mais impopulaire système de réponse automatique à sept niveaux (!). Appelez Digital Equipment aujourd'hui et un agent du Service à la clientèle vous répondra dans les quatre services réservés au téléphone. Sans abandonner le progrès technologique, l'entreprise délaisse une structure orientée sur l'organisation et met l'individu au premier plan. Le succès suivra bien...

D'autres comportements trahissent une transformation en profondeur des attitudes des dirigeants par rapport à leur place dans la société, à leur travail et à leur vie personnelle. Dans les entreprises du Savoir, les habitudes changent. Plus encore que dans la population en général, les gens ne fument pas, boivent moins, font de l'exercice et modifient leur alimentation, à l'antithèse de l'image traditionnelle du patron ventripotent qui travaillait sans relâche et ne dédaignait pas un cigare ou un cognac pour se récompenser. Tout récemment, un fumeur « invertébré » me disait son intention d'arrêter de fumer : pour s'intégrer à part entière dans son entreprise, il devait absolument se départir de sa mauvaise habitude.

Réussir ne se traduit plus uniquement par des résultats financiers. Le véritable succès devient un savant jeu d'équilibre entre les impondérables des affaires et les aspirations des personnes. L'entreprise humaine trouve sa motivation dans un concept qui faisait sourire encore récemment... le bonheur.

CONCLUSION
L'entreprise à géométrie variable

La meilleure façon d'anticiper l'avenir est de bien comprendre le présent.

Peter F. DRUCKER

L'économie du début du prochain siècle demeurera caractérisée par la *flexibilité*. L'entreprise à succès restera celle qui aura la plus grande capacité d'adaptation, qui saura se réinventer en vivant intensément son présent. Il semble que ce soit encore la meilleure façon de préparer l'avenir.

Le client continuera à régner en maître et l'entreprise la plus apte à percevoir ses moindres besoins et à les satisfaire en temps réel sera forcément très flexible... à géométrie variable. Une entreprise n'est pas un être désincarné qui vit en marge de la société. Les échelles de valeur très changeantes que véhicule la collectivité devront être très bien assimilées, car elles influenceront profondément le devenir des organisations. Ceux qui oublient cette règle fondamentale se retrouvent avec une entreprise aliénée du monde réel, sur une planète où il n'y a pas de clients.

Bien malin celui qui pourrait prédire toutes les fines caractéristiques des meilleures entreprises qui entreprendront le XXIe siècle. Sans jouer au sorcier ou me

« De toutes les illusions, la plus périlleuse consiste à penser qu'il n'existe qu'une seule réalité. »
Paul Watzlawick

prétendre de la pègre intellectuelle, je vous présente le résumé de ma perception de l'entreprise réinventée.

Même si le monde de l'entreprise continuera à évoluer dans les turbulences, je ne prédis pas l'apocalypse. Je me réjouis plutôt que cette révolution du Savoir fera de plus en plus appel à l'intelligence, ce qui nous réserve un avenir des plus captivants.

LE CLIENT, NOMBRIL DU MONDE

Certains principes ne mentent pas, à commencer par la toute-puissance du client vis-à-vis de la prospérité d'une entreprise. Évoquant les difficultés passées de Texas Instruments, un ancien vice-président avait un jour déclaré : « Dans une entreprise dominée par des ingénieurs, il est parfois difficile de donner au client ce qu'il veut lorsque vous pensez savoir très bien ce qu'il devrait avoir. »

Autre vérité universelle, *le client satisfait est servi par du personnel satisfait.* Une étude américaine réalisée pour le compte de la Small Business Administration révélait que sur 100 clients que perd une entreprise, 1 est décédé, 3 ont quitté la région, 5 ont confié leurs affaires à des parents ou à des amis, 9 ont trouvé de meilleurs prix ailleurs, 14 n'ont pas obtenu satisfaction à la suite de plaintes qu'ils ont déposées et 68 ont été déçus de l'indifférence ou de la mauvaise attitude du personnel de l'endroit !

D'autre part, le succès repose sur la recherche d'une clientèle internationale pour sortir d'un marché local saturé et exigu. Arme à double tranchant pour qui sait s'en servir, la mondialisation apporte des concurrents qui nous forcent à nous surpasser ainsi qu'une manne de clients nouveaux qui cherchent justement ce que le monde a de mieux à leur offrir.

Selon l'OCDE, les marchés qui enregistreront une croissance supérieure à 2 % se trouveront dans quelques pays de l'Europe de l'Est. L'Amérique du Sud connaîtra une croissance de l'ordre de 5 %, le Chili bénéficiant de la plus forte croissance potentielle. Les marchés du Sud-Est asiatique pourront quant à eux atteindre des croissances frôlant les 10 % ! Il y a quelques années, 60 % des jets traversaient l'Atlantique. Aujourd'hui, 60 % d'entre eux traversent le Pacifique. Il faut donc acheter le bon billet.

LES TROUBLE-FÊTE

J'ai peu parlé jusqu'à maintenant de la part du succès de notre organisation qui revient essentiellement à nos concurrents. Dans la performance d'une entreprise, on insiste avec raison sur le rôle du client, mais on évite toutefois d'accorder au compétiteur la place qu'il mérite. Or, c'est souvent lui, ce casse-pieds si dérangeant, qui nous force à l'excellence.

Au début des années 1990, nous achevions la mise au point technologique d'un système de contrôle intelligent. Nous en étions très fiers et nous pensions être les meilleurs au monde dans le domaine. L'euphorie a duré trois mois, jusqu'au moment où nous avons appris qu'un groupe industriel appuyé par l'université de Taipei avait réalisé un meilleur système que le nôtre... La semaine suivante, l'un de nos employés se rendait à Taïwan pour faire alliance avec ces beaux écœurants.

Si les alliances se nouent souvent entre des entreprises complémentaires, nous voyons de plus en plus l'association d'entreprises jadis ennemies. Au lieu de compter deux perdants, des compétiteurs n'ont d'autre choix que de s'associer pour faire deux gagnants potentiels.

En Suisse, cette stratégie a porté fruit lorsqu'un petit chocolatier a eu l'idée de se lancer dans le chocolat haut de gamme, remportant un vif succès. D'autres ont décidé de l'imiter, de sorte que le marché local est vite devenu saturé. Pour survivre dans ce créneau devenu hautement concurrentiel, toutes les chocolateries ont voulu devenir les meilleures. La spirale s'est poursuivie jusqu'au jour où l'un des chocolatiers a proposé à ses compétiteurs l'idée suivante : « Nous devons nous associer pour exporter notre excellence sinon, au lieu d'être dans le chocolat, nous serons tous dans la merde ! » Les compétiteurs qui ont compris sont demeurés dans le chocolat.

L'OR GRIS

On ne le dira jamais assez : le personnel, avec sa matière grise, est la pierre angulaire de l'entreprise, à la fois sa force et son talon d'Achille en cas de pénurie. La performance de l'entreprise étant dépendante de la performance individuelle, tout le talent du gestionnaire est désormais consacré à conserver le personnel clé de l'entreprise et à aplanir les obstacles qui pourraient nuire à sa créativité et à sa productivité.

L'entreprise réinventée s'en remet à la personne et non à la structure. La hiérarchie est remplacée par la décentralisation des décisions et par un tissu de relations informelles. J'ai expérimenté dans mon organisation que la meilleure façon de marginaliser la médiocrité est de mettre tous ses efforts à valoriser l'excellence.

Plus l'entreprise met du temps avant l'embauche, moins elle doit en investir après...

Le contrat informel[39] est l'instrument privilégié pour gérer cette main-d'œuvre très flexible. Il met l'accent sur la formation continue, une rémunération en fonction de la performance et l'élimination des règles et des procédures. Le modèle vertical cède le pas au modèle horizontal en abattant les barrières hiérarchiques. La qualité totale va de soi et repose sur la responsabilisation des travailleurs.

AJUSTEMENTS STRUCTURELS

Vision et intuition succèdent au rationnel traditionnel. Souple, très flexible et décentralisée, l'entreprise accumule les succès en vertu d'un leadership fort et d'une perception claire, communiquée et partagée de son devenir. Elle gère les résultats et non des processus.

L'entreprise devient de plus en plus virtuelle. Caractérisée par sa grande capacité à gérer l'information et à *faire faire* dans le processus de démassification et de délocalisation mondiale de la production, elle assure une gestion harmonieuse du changement et réoriente ses activités au gré des besoins des consommateurs et des progrès de la technologie.

« L'aluminium entrant dans la fabrication d'un Boeing 777 provient toujours d'une usine de traitement d'Alcoa aux États-Unis, mais environ 20 % de la structure de la cellule est montée par des ouvriers japonais travaillant dans un consortium Kawasaki/Mitsubishi/Fuji. Les ailes et le poste de pilotage de l'appareil MD-95 de McDonnell Douglas sont fabriqués en Corée du Sud[40]. »

Consciente que l'union fait la force, elle travaille dans des maillages industriels ou des alliances stratégiques pour mieux épouser les conditions du marché. Cette nouvelle chaîne d'enrichissement a remplacé le travail à la chaîne qui a caractérisé l'ère industrielle.

Dans un tel contexte, le marché de niche sera forcément le plus lucratif. Il faudra donc constamment renforcer sa niche d'excellence, sinon nous serons condamnés à mener une vie de chien.

L'entreprise de demain continuera à évoluer dans des zones de turbulences importantes. Si nous apprenons à bien gérer les difficultés, une entreprise présente un risque raisonnable. Le pilote obéit aux règles de sécurité tout en respectant ses limites, celles de la technologie et celles de l'appareil.

Cela n'a rien d'une vérité nouvelle. Même ma grand-mère l'avait compris. Me voyant fasciné par les avions, elle m'a donné un conseil plein de bonne foi pour l'époque : « Si un jour tu pilotes ces machines, il faut que tu sois très prudent. Tu voles bas et pas vite. »

Bibliographie

Cette bibliographie ne comprend que les auteurs cités dans le texte.

LES OUVRAGES

BECK, Nuala. *La nouvelle économie*. Montréal, Les Éditions Transcontinental inc., 1994.

BURKAN, Wayne C. *Wide Angle Vision*. John Wiley, 1996.

DAVIDOW, W. et M. MALONE. *L'entreprise à l'âge du virtuel*. Paris, Presses Universitaires de France, 1995.

DOLAN, Robert J. et Hermann SIMON. *Power Pricing*. The Free Press, 1997.

HAMMER, Michael et James CHAMPY. *Le reengineering : réinventer l'entreprise pour une amélioration spectaculaire de ses performances*. Paris, Dunod, 1993.

MILLER, Danny. *Le paradoxe d'Icare*. Québec, Les Presses de l'Université Laval, 1992.

SCHUSTER, John P., Jill CARPENTER et Patricia KANE. *The Power of Open-Book Management*. John Wiley & Sons, 1996.

TOFFLER, Alvin et Heidi TOFFLER. *Créer une nouvelle civilisation : la politique de la Troisième Vague*. Paris, Fayard, 1995.

TOFFLER, Alvin et Heidi TOFFLER. *Les nouveaux pouvoirs*. Paris, Fayard, 1991.

WALKER, Kenneth. *Histoire de la médecine*. Verviers, Éditions Gérard & C., Marabout Université, 1962.

LES PUBLICATIONS SPÉCIALISÉES

Association des industries de l'automobile du Canada. *Marché secondaire de l'automobile. Étude sur les perspectives*. Ottawa, octobre 1993, p. 37-40.

BT/MCI Global Communications Report 1996/97 - The Business Challenge. Accessible dans Internet à l'adresse *http://www.bt.com/global—reports*

Discours sur le budget 1997-1998. Ministère des Finances du Québec, 25 mars 1997.

Focus. Strategic Development Staff of the National Center for Manufacturing Sciences, juillet 1995, p. 8.

HUBER, Peter. « Cyber Power », *Forbes*, 2 décembre 1996, p. 142. (En français) « Le pouvoir cybernétique », *Affaires Plus*, mars 1997, p. 38-46.
Version électronique sous
http://www.phuber.com/huber/forbes/cover.html

LABRÈCHE, Stéphane. « Faut-il subventionner les équipes de sport professionnel ? Non, répond un chercheur américain », *Les Affaires*, 18 janvier 1997, p. 7.

LANGLOIS, Guy. « La science de l'illusion : la réalité virtuelle », *Interface*, volume 17, numéro 6, nov.-déc. 1996, p. 40-49.

MACDOUGALL, Neil. « Time to become an entrepreneur ? », *Design Engineering*, janvier 1994, p. 18.

MORAZAIN, Jeanne. « Un échec, le reengineering ? », entretien avec James Champy dans *Commerce*, mars 1996, p. 27-29.

« The immaterial world », *The Economist*, 28 juin au 4 juillet 1997.

VITALIANO, Franco. « DSP vs MMX : The client-side multimedia battle », *IT/IS Back Office*, avril 1997, p. 74.

Notes

1 DOLAN, Robert J. et Hermann SIMON. *Power Pricing*, The Free Press, 1997.

2 À titre informatif, l'expression *survival of the fittest* (la survie des mieux adaptés) a été inventée par le philosophe et sociologue britannique Herbert Spencer en 1864.

3 BECK, Nuala. *La nouvelle économie*. Page 93.

4 Données citées par Nuala Beck, op. cit. Page 48.

5 Le Conseil national du bien-être social cite par ailleurs que ces 20,2 % de pauvres touchent 1,9 % des revenus alors que les plus riches, qui représentent aussi 20 % de la population, s'accaparent 50,1 % des revenus avant impôt.

6 *Les animaux malades de la peste*, fable de Jean de La Fontaine.

7 Statistiques compilées dans le magazine *Affaires Plus*, janvier 1997.

8 Consulter également à cet effet le chapitre intitulé « Le travail ».

9 Mark Rosentraub est directeur du *Center for Urban Policy and Environment* de l'Université de l'Indiana. Son dernier livre s'intitule *Major League Losers*. Les *Affaires*, samedi 18 janvier 1997.

10 Données tirées du *Discours sur le budget 1997-1998* prononcé à l'Assemblée nationale le 25 mars 1997.

11 Voir le chapitre « S.O.S. Entrepreneurship ».

12 HUBER, Peter. Article publié en français sous le titre *Le pouvoir cybernétique* par le magazine *Affaires Plus* de mars 1997. Référence complète dans la bibliographie.

13 Consulter la deuxième partie sur le modèle d'entreprise du Savoir.

14 Neil Macdougall, « Time to become an entrepreneur ? », *Design Engineering*, janvier 1994.

15 Voir le chapitre suivant, « Le contrat informel ».

16 Million d'instructions par seconde.

17 VITALIANO, Franco. « DSP vs MMX: The client-side multimedia battle », IT/IS Back Office, avril 1997. Page 74.

18 DAVIDOW, W. et M. MALONE. *L'entreprise à l'âge du virtuel*, 1995. Pages 95-98.

19 *BT/MCI Global Communications Report 1996/97.*

20 Exemple tiré du magazine électronique *Les humains associés* (http://www.ina.fr/CP/HumainsAssocies).

21 *La Presse*, 9 octobre 1996.

22 LANGLOIS, Guy. « La science de l'illusion : la réalité virtuelle », *Interface*, nov.-déc. 1996.

23 « The Immaterial World », *The Economist*, juin 1997.

24 Principe voulant que 20 % de notre travail produise 80 % des résultats et que 80 % de nos efforts soient, en définitive... fort peu utiles.

25 Voir le chapitre « La sous-traitance en mutation ».

26 Un GPS (*Global Positioning System*) est un système de position-nement par satellites servant à déterminer la longitude et la lati-tude d'un objet. On l'utilise pour dresser des cartes, retrouver un homme à la mer ou même prédire les tremblements de terre en détectant les mouvements de l'écorce terrestre!

27 BECK, Nuala. Op. cit. Pages 214-218.

[28] Fourni par Wayne C. Burkan dans *Wide Angle Vision*, 1996.

[29] WALKER, Kenneth. *Histoire de la médecine*, 1962.

[30] Massachusetts Institute of Technology.

[31] Analyse de Macdonald & Associates publiée dans le magazine *Commerce*, juin 1997.

[32] Chiffres publiés dans *Plant*, 26 mai 1997. Page 20.

[33] MILLER, Danny. *Le paradoxe d'Icare*, 1992.

[34] SCHUSTER, John P., Jill CARPENTER et Patricia KANE. *The Power of Open-Book Management*. John Wiley & Sons, 1996.

[35] Voir la section intitulée « Chevaliers de l'entreprise » plus loin dans ce chapitre.

[36] Association des industries de l'automobile du Canada. *Marché secondaire de l'automobile. Étude sur les perspectives*, 1993.

[37] Citation en page 7 de l'édition du samedi 10 mai 1997 du journal *Les Affaires*.

[38] *Focus*, Strategic Development Staff of the National Center for Manufacturing Sciences, juillet 1995. Page 8.

[39] Voir le chapitre « Le contrat informel ».

[40] HUBER, Peter. Op. cit.

COLLECTION
ENTREPRENDRE

Comment faire un plan de marketing stratégique	**24,95 $**
Pierre Filiatrault	200 pages, 1997
Devenez entrepreneur 2.0 (version sur cédérom)	
Plan d'affaires	**69,95 $**
Alain Samson, en collaboration avec Paul Dell'Aniello	1997
Devenez entrepreneur 2.0 (version sur disquettes)	
Plan d'affaires	**39,95 $**
Alain Samson	4 disquettes, 1997
Profession : travailleur autonome	**24,95 $**
Sylvie Laferté et Gilles Saint-Pierre	272 pages, 1997
Réaliser son projet d'entreprise	**27,95 $**
Louis Jacques Filion et ses collaborateurs	268 pages, 1997
Des marchés à conquérir	
Guatemala, Salvador, Costa Rica et Panama	**44,95 $**
Pierre-R. Turcotte	360 pages, 1997
La gestion participative	
Mobilisez vos employés !	**24,95 $**
Gérard Perron	212 pages, 1997
Comment rédiger son plan d'affaires	
À l'aide d'un exemple de projet d'entreprise	**24,95 $**
André Belley, Louis Dussault, Sylvie Laferté	276 pages, 1996
J'ouvre mon commerce de détail	
24 activités destinées à mettre toutes les chances de votre côté	**29,95 $**
Alain Samson	240 pages, 1996
Communiquez ! Négociez ! Vendez !	
Votre succès en dépend	**24,95 $**
Alain Samson	276 pages, 1996
La PME dans tous ses états	
Gérer les crises de l'entreprise	**21,95 $**
Monique Dubuc et Pierre Levasseur	156 pages, 1996
La gestion par consentement	
Une nouvelle façon de partager le pouvoir	**21,95 $**
Gilles Charest	176 pages, 1996
La formation en entreprise	
Un gage de performance	**21,95 $**
André Chamberland	152 pages, 1995
Profession : vendeur	
Vendez plus... et mieux !	**19,95 $**
Jacques Lalande	140 pages, 1995

Virage local
Des initiatives pour relever le défi de l'emploi   24,95 $
Anne Fortin et Paul Prévost   275 pages, 1995

Des occasions d'affaires
101 idées pour entreprendre   19,95 $
Jean-Pierre Bégin et Danielle L'Heureux   184 pages, 1995

Comment gérer son fonds de roulement
Pour maximiser sa rentabilité   24,95 $
Régis Fortin   186 pages, 1995

Naviguer en affaires
La stratégie qui vous mènera à bon port !   24,95 $
Jacques P.M. Vallerand et Philip L. Grenon   208 pages, 1995

Des marchés à conquérir
Chine, Hong Kong, Taiwan et Singapour   29,95 $
Pierre R. Turcotte   300 pages, 1995

De l'idée à l'entreprise
La République du thé   29,95 $
Mel Ziegler, Patricia Ziegler et Bill Rosenzweig   364 pages, 1995

Entreprendre par le jeu
Un laboratoire pour l'entrepreneur en herbe   19,95 $
Pierre Corbeil   160 pages, 1995

Donnez du PEP à vos réunions
Pour une équipe performante   19,95 $
Rémy Gagné et Jean-Louis Langevin   128 pages, 1995

Marketing gagnant
Pour petit budget   24,95 $
Marc Chiasson   192 pages, 1995

Faites sonner la caisse !!!
Trucs et techniques pour la vente au détail   24,95 $
Alain Samson   216 pages, 1995

En affaires à la maison
Le patron, c'est vous !   26,95 $
Yvan Dubuc et Brigitte Van Coillie-Tremblay   344 pages, 1994

Le marketing et la PME
L'option gagnante   29,95 $
Serge Carrier   346 pages, 1994

Développement économique
Clé de l'autonomie locale   29,95 $
Sous la direction de Marc-Urbain Proulx   368 pages, 1994

Votre PME et le droit (2ᵉ édition)
Enr. ou inc., raison sociale, marque de commerce
et le nouveau Code Civil   19,95 $
Michel A. Solis   136 pages, 1994

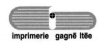

imprimerie gagné ltée

IMPRIMÉ AU CANADA